The 1st step to distribution

1からの流通論

第2版

石原武政
竹村正明 編著
細井謙一

発行所：碩学舎
発売元：中央経済社

第2版への序文

　本書の初版を上梓したのが2008年10月であるから、それからちょうど10年の歳月が経過した。この初版は、幸いにも私たちの期待以上に広く利用していただくことができた。しかし、流通をめぐる激しい現実の動きから見れば、10年というのはあまりにも長い歳月であるといわなければならない。抽象的な理論よりも、現実の事象に照らしながら学ぶことをテーマとする本書にとって、それは極めて大きな問題であり、改訂を決断した。

　本書を改訂するにあたって、まず細井謙一に編者に加わってもらった。編者に新たなメンバーを加えることによって、この改訂を単なる事例やデータの入れ替えに留めることなく、本格的な改訂を行おうとする意図からである。しかし、多くの方にご評価いただいた本書の基本的な考え方や姿勢そのものは変更する必要はないというのが、細井を加えた編者の共通した認識であった。この改訂版においても、旧版同様、具体的なケースを中心としながら問題を発見し、そこから理論を考える手掛かりを求めるという姿勢は堅持したつもりである。

　その上で、本書をテキストとしてご利用いただいた方々にアンケートのご協力をお願いした。そこでは、現場で実際にテキストとして使用する上での問題点や要望など、多くのご指摘をいただいた。ご協力いただいた皆様には心からお礼申し上げたい。

　その結果、全体を通してケースをほぼ全面的に入れ替えただけではなく、旧版ではまったく取り上げることのなかった卸売業とインターネット販売のために、新たに章を起こした。もともと卸売業は流通の重要な分野であるが、消費者あるいは小売業から流通を見るときどうしても見えにくくなってしまう。そのため旧版ではこれを割愛していたが、流通をトータルとして生き生きと理解するためにはどうしてもそれを取り上げる必要があると判断してのことである。インターネットはこの10年間にまったく驚くほどの成長をみせ、もはやこれを軽視することはできなくなった。

　それにあわせて、他の章もかなりの組み替えを行うと共に、一部の章については諸般の事情から執筆者を交代してもらった。新たな執筆者には、旧版をテキストとして利用し、本書の意図をよく理解していただいている方々に加わっていただいた。

❖ 第2版への序文

　こうして、この改訂版はおよそ次のような構成をとることとなった。まず第1章で流通への入門的な扉を開いた後、第2章から第5章まで、小売業の主要な業態を観察し、それを第6章で業態技術として整理する。第7章ではこうした業態の進化を支えるロジスティクスを取り上げ、第8章ではインターネット販売を取り上げる。以上がほぼ小売に関する問題であるが、第9章では卸売業を取り上げ、第10章から第12章まで、流通全体の構造、取引慣行、取引制度について整理する。その上で、第13章から第15章まで、流通をめぐる基礎的な理論を踏まえながら、今日の新たな問題への展開を展望している。限られた紙幅ではあるが、流通の入門書として必要な問題はほぼ網羅することができたと考えている。

　この改訂作業を進めるにあたって、2度の大規模な研究会を開催した。ほとんどの執筆者がこの研究会に参加して、意見を交わしながら問題を共有し、粗原稿のすり合わせも行った。その後はメールなどのインターネットが大いに威力を発揮した。それによって、かなり濃密な意見交換ができたし、執筆過程においてもかなり突っ込んだ調整を行うことができた。それらはいずれもかなりの体力を要する作業であったが、それによってこの改訂版が旧版よりも使いやすくなったといっていただけるならば、編者はもちろん、執筆者一同、これに過ぎる喜びはない。しかし、ここまでくれば、今、私たちにできるのは、ただそう言っていただけることを期待して待つことだけである。

　最後になったが、本書の改訂にあたって、碩学舎の編集窓口をご担当くださった近畿大学経営学部教授、廣田章光先生には一方ならぬお世話になった。校務でお忙しい中、飛び交う情報を適切に処理しつつ、進捗管理していただいた。改めて心から感謝申し上げたい。

2018年10月

編者を代表して

石原　武政

序　文

　本書を手にするのは、おそらくは大学に入学してはじめて「流通」について学ぼうとする人たちなのだと思う。流通のことについて、本格的な勉強をしないままに社会人になったが、必要に迫られて勉強し直そうという人もいるかもしれない。いずれにしても、文字通り流通のことを1から学ぼうとしている人たちであるはずだ。そのことを強く意識して、この本は編集されている。

　私たちは、流通とかかわることなく生活することは1日だってできない。生まれてから今日まで、さまざまな形で流通とかかわってきた。だから、流通のことは改めて学ばなくてもおおよその見当はついていると思う人もいるかもしれない。学校で学ぶより前に言葉を覚えたのだから、そう考えるのもあながち間違いだとは言えない。しかし、学校に入ってから改めて国語の勉強をすることによって言葉の難しさや面白さを知ったように、流通の世界は皆さんがいま理解しているよりもはるかに多くの複雑で興味深い側面をもっている。そんな流通の世界に皆さんをご案内しようというのが、このテキストの基本的な考え方である。

　流通に関する入門書は結構たくさんある。その上にまた1冊付け加えるのだから、何か特徴を出す必要があるだろう。本書が特に意図したのは次の点である。

　まず皆さんの最も身近なところから流通の世界にご案内したいと考えた。そこで、第2章から第5章ではさまざまなタイプの小売業について取り上げた。最近では新しいタイプの小売業がたくさん登場しているので、そのすべてを網羅することはできなかったが、代表的なものについてはカバーできたと考えている。これらを通して学んで欲しいのは、それぞれのタイプがどのような特徴をもっているのか、それはどのようにして誕生してきたのか、そして誕生してから今日までどのように進化してきたのか、といった点である。

　しかし、小売業は自分だけで事業ができているのではなく、川上の卸売業はもちろん、情報や物流（特に運送）技術の発展によって支えられている。小売業と消費者との接点だけを見ていたのでは想像できない仕組みがその背後に存在しているのだ。第6章から第10章ではこうした小売業を支える背後の仕組みがどのように変化してきたかを解説している。

　ここまでは、現在を視点におきながら、流通の現実を過去に振り返りながら理解

❖ 序　　文

する作業である。そうしたさまざまな現実を見ると、それらを整理して1つの枠組みで理解できないかと考える。これが「理論」とよばれるものである。流通論も古くから多くの理論的蓄積をもっている。第11章から第14章ではそれまでに見た現実を理解するうえで重要だと思われる理論的な考え方を整理している。

　これまでのテキストでは、多くの場合、歴史や基礎理論から始めるのが普通であったが、本書ではそれを逆転させて、身近なところからはじめて、多様な現実を整理する理論に近づきたいという想いがこの構成の中に現れている。その結果、はじめて流通について学ぶ皆さんにも取り付きやすく、十分に興味をもってもらえるものになったと自負している。

　その上で、さらに執筆者にも多くの若い研究者に参加してもらった。編者の1人はすでに高齢者であるが、他の執筆者はほとんどが30代から40代前半である。研究面では脂が乗りながら、はじめて流通を学ぼうとする皆さんとまだ比較的感覚が近い世代である。高齢者の経験と蓄積を、若い研究者の感覚に乗せて表現することによって、少しでも興味をもってもらえるテキストにしたい。それこそ、本書を作成するために何度も集まって議論し、確認したことであった。

　本書で学び始めてから、流通を見る目が変わったと感じてくれたら、ものすごく嬉しい。それはおそらくはいままで気づかなかったり、見過ごしていたりしたことであるかもしれない。スーパーやコンビニの店頭で、あるいは百貨店やショッピングセンターのきらびやかな空間の中で、「ここにこんな仕掛けがあるのだ」、「これを実現するのは大変なことだったのだ」などと感じて欲しい。現実を観察する目が細かくなることを期待したい。細かく観察できるようになると、現実を見るのが面白くなるからだ。

　細かな点が観察できるようになると、細かな工夫を通して現れる変化にも気づくようになる。今の流通の姿は、10年前の流通の姿とは大きく異なっている。皆さんには想像することが難しいかもしれないが、皆さんが今当たり前の状態として受け止めている現実の流通は、過去から未来に向かって変化していく過程の1コマにすぎない。10年後の流通の姿は、きっと今の流通とはさらに違ったものとなるはずだ。そんなことに思いをはせながら、「なぜそうなるのだろう」と考え、もう少し進んだ「理論」の香りを嗅いでみたいと思う人たちが現れたら、もっとさらに嬉しく思うはずである。

　まあしかし、それは本書で学んでからのお楽しみである。何はともあれ、本書を通して皆さんと出会えたことを喜びたい。「勉強」だから、多少難しいところもあ

序　文

るかもしれないが、大学の講義のテキストとして出会った人は、本番の講義でその点を補って欲しい。あまり肩肘張らずに、まじめに、しかし楽しみながらお付き合いいただけたらと願っている。

　2008年９月

執筆者を代表して
石原　武政

CONTENTS

第 1 章 流通とは

1 はじめに……………………………………………………………2
2 消費者の側から流通を見る………………………………………3
 小売商と卸売商　3
 欲望発見（創出）機関としての小売商　4
3 生産者の側から流通を見る………………………………………6
 拡がる市場　6
 伝統的な流通機構　7
4 流通の主導権………………………………………………………9
 メーカー主導型流通　9
 小売商主導型流通　11
5 本書で学びたいこと………………………………………………14
  Column 1 - 1　そうは問屋がおろさない　10
  Column 1 - 2　流通は経済の暗黒大陸　12
  考えてみよう／参考文献／次に読んでほしい本　14

第 2 章 百貨店と総合スーパー

1 はじめに……………………………………………………………18
2 百貨店の革新………………………………………………………18
 百貨店がなかった頃の買い物　18
 百貨店の誕生　20

❖ CONTENTS

- 3 百貨店と総合スーパーが誕生した歴史的背景 ……………22
    - 日本の欧米化と百貨店の誕生　22
    - 高度経済成長と総合スーパーの成長　23
- 4 総合スーパーの成長とそれを支える仕組み ………………25
    - 「大きい百貨店」、「多いスーパー」　26
    - 総合スーパーによる販売方式の変化　28
- 5 おわりに …………………………………………………………28
    - Column 2-1　チェーン・オペレーション　26
    - Column 2-2　対面販売とセルフサービス　29
    - 考えてみよう／参考文献／次に読んでほしい本　30

第3章　食品スーパーとコンビニエンス・ストア

- 1 はじめに …………………………………………………………32
- 2 新鮮さを追求した関西スーパーマーケット ………………33
    - 日本の食卓と生鮮食品　33
    - 革新的な「関スパ方式」　35
- 3 便利さを追求したセブン-イレブン・ジャパン ……………38
    - 日本が求めたコンビニ　38
    - 情報と物流が実現する鮮度　40
- 4 おわりに …………………………………………………………44
    - Column 3-1　POS　41
    - Column 3-2　移動スーパー「とくし丸」　45
    - 考えてみよう／参考文献／次に読んでほしい本　46

CONTENTS

第4章 ディスカウント・ストアとSPA

1 はじめに……………………………………………………………48
2 ディスカウント・ストア……………………………………………48
　ディスカウント・ストアの仕組み　49
　ダイソーの概要と歴史　50
　ダイソーの仕組み　52
3 SPA…………………………………………………………………54
　SPAの仕組み　55
　ユニクロの概要と歴史　56
　ユニクロの仕組み　59
4 おわりに……………………………………………………………60
　　Column 4-1　規模の経済、経験効果　53
　　Column 4-2　商品回転率、スピードの経済　57
　　考えてみよう／参考文献／次に読んでほしい本　61

第5章 商店街とショッピングセンター

1 はじめに……………………………………………………………64
2 自然発生型商業集積としての商店街………………………………64
　商店街の成り立ち　64
　商店街の現況と組織特性　66
　商店街の管理の難しさ　68
　商店街に期待される方向性　69
3 管理型商業集積としてのショッピングセンター……………………71
　ショッピングセンターの発展　71
　玉川髙島屋ショッピングセンターの開発　74

❖ CONTENTS

   集積を管理・運営するSCの革新性　76
4　おわりに……………………………………………………………………77
   Column 5 - 1　商店街活性化事業の「三種の神器」　70
   Column 5 - 2　SCとまちづくり　73
   考えてみよう／参考文献／次に読んでほしい本　78

第6章　小売業態とは何か

1　はじめに……………………………………………………………………80
2　コンビニエンス・ストアの誕生……………………………………………81
   中小小売業とフランチャイズ・チェーン　81
   売れ筋商品の把握　82
   共同配送体制の確立　83
3　業態革新と業態技術………………………………………………………86
4　おわりに……………………………………………………………………90
   Column 6 - 1　流通政策と業態　87
   Column 6 - 2　小売の輪理論　89
   考えてみよう／参考文献／次に読んでほしい本　90

第7章　小売を支えるロジスティクス

1　はじめに……………………………………………………………………94
2　物流の役割と主要機能……………………………………………………94
   物流の役割と位置づけ　94
   輸送機能と輸送機関　95
   保管機能と倉庫　96
3　物流の補助機能：その発展とロジスティクス……………………………96

包　　装　96
荷　　役　97
情　　報　99
ロジスティクス　100
4 しまむらのロジスティクス……………………………………100
　しまむらの設立と成長　100
　しまむらの物流　101
　店舗間移動の仕組み　103
　小売におけるロジスティクス　103
5 おわりに………………………………………………………105
　Column 7-1　倉庫における荷役の革新　98
　Column 7-2　サードパーティー・ロジスティクス　104
　考えてみよう／参考文献／次に読んでほしい本　105

第 8 章　インターネット技術と新しい小売業態

1 **はじめに**……………………………………………………108
2 **アマゾンの成長とインターネット技術**……………………110
　ジェフ・ベゾス（アマゾン創業者）はなぜインターネットで書店を始めたのか？　110
　ワンクリック（買い物のしやすさを追求）　111
　商品選択時の不安を解消するレコメンデーション機能とカスタマーレビュー　113
　物流への投資　114
3 **インターネット技術による新しい業態の登場と商取引**………115
　インターネットでの情報検索と消費者の購買行動　115
　インターネット通販によって商取引はどのように変わったのか？　116
　インターネット技術による欲望創出と新しい業態の誕生　118
4 **おわりに**……………………………………………………119

❖ CONTENTS

　　Column 8-1　C2C取引とエスクロー機能　109
　　Column 8-2　エブリシングストア　112
　　考えてみよう／参考文献／次に読んでほしい本　119

第9章　小売を支える卸

1　はじめに……………………………………………………………122
2　生産と消費の間に介在する卸の位置付け……………………122
3　卸の役割……………………………………………………………124
4　卸売流通の多段階化と機能代置…………………………………127
5　小売を支える卸「コスモス・ベリーズ」………………………129
6　おわりに……………………………………………………………134
　　Column 9-1　商人としての中世冒険家や幕末の志士　126
　　Column 9-2　江戸時代の商人は問屋　128
　　考えてみよう／参考文献／次に読んでほしい本　135

第10章　流通構造とその変容

1　はじめに……………………………………………………………138
2　流通構造とは何か…………………………………………………139
　　流通構造　139
　　流通構造の重要性　141
3　流通構造の変化……………………………………………………144
　　経営戦略の変化　144
　　技術革新と消費市場の状況　145
　　メガネフレームの流通　145
4　流通構造の分析……………………………………………………147

流通構造の見方　147
　　　流通構造の長短　150
　　　流通構造の分析　150
　　　卸小売販売額比率　151
5　おわりに……………………………………………………152
　　　Column10-1　メーカー希望小売価格とオープン価格　142
　　　Column10-2　流通構造の広狭・開閉　148
　　　考えてみよう／参考文献／次に読んでほしい本　153

第11章　日本型取引慣行

1　はじめに………………………………………………………156
2　花王株式会社と花王カスタマーマーケティング株式会社の
　　ケース……………………………………………………………157
　　　花王株式会社の概要　157
　　　花王販売の誕生　158
　　　花王販売の発展と花王CMKの誕生　158
　　　花王における取引制度の形成と変容　160
3　取引構造・取引制度の確立と変容………………………161
　　　取引構造としての流通系列化　161
　　　取引制度としての建値制・リベート制の導入　163
　　　建値制・リベート制の廃止　164
4　事後調整から事前調整へ…………………………………164
5　おわりに………………………………………………………165
　　　Column11-1　花王 VS P&G　159
　　　Column11-2　流通系列化の3類型　162
　　　考えてみよう／参考文献／次に読んでほしい本　166

第12章 小売を中心とした取引慣行

1 はじめに······170
2 **家電業界におけるメーカーから小売へのパワーシフト**······171
 家電流通におけるチャネル・リーダーの変遷　171
 メーカー主導型流通の躍進——松下のケース　172
 家電量販店の台頭とメーカー主導型流通の動揺　173
3 **小売主導型流通における取引慣行をめぐる問題**······176
 小売におけるPB強化の影響　176
 センターフィー問題　179
 センターフィーを徴収しないケース——ドン・キホーテ　180
4 おわりに······181
  Column12-1　ヤマダ電機の派遣店員をめぐるトラブル　175
  Column12-2　食品ロスを生む日本の悪しき習慣"3分の1ルール"とは　178
  考えてみよう／参考文献／次に読んでほしい本　182

第13章 売買集中の原理と品揃え形成

1 はじめに······184
2 **商業者とその行動**······184
 商業者とは　184
 商業者の行動　185
 商業者の社会的性格と品揃え形成　185
3 **商業者の社会的な存在意義**······186
 商業者の存在根拠とは　186
 消費者への利便性　187
 生産者への利便性　188

売買集中の原理　189
　　商業者の役割　191
4　**商業者の多様な姿と売買集中の原理**・・・・・・・・・・・・・・・・・・・・・・・・・・・・・・・194
　　売買集中の原理の制約要因　194
　　多様な商業者と個別の品揃え　195
　　集積単位での品揃え　195
5　**おわりに**・・196
　　　Column13-1　商業者の役割　190
　　　Column13-2　商業者による取引の計画性の濃度差の調整　193
　　　考えてみよう／参考文献／次に読んでほしい本　197

第14章　商業とまちづくり

1　**はじめに**・・200
2　**元町商店街のまちづくり**・・・・・・・・・・・・・・・・・・・・・・・・・・・・・・・・・・・・・200
　　元町商店街の概要　200
　　元町商店街の運営主体と活動　201
　　第1期まちづくり：壁面線後退（セットバック）　202
　　第2期まちづくり：道路の再整備　203
　　第3期まちづくり：歩車道の再整備と共同配送の導入　205
3　**商業とまちづくり**・・206
　　商業集積と商業の外部性　206
　　商業者によるまちづくりの合理性　208
　　商業まちづくりにおける営利性と非営利性　209
4　**おわりに**・・・211
　　　Column14-1　商業集積における依存と競争　207
　　　Column14-2　商業まちづくりにおける営利性と非営利性の複雑な関係　210
　　　考えてみよう／参考文献／次に読んでほしい本　211

❖ CONTENTS

第15章 製販連携の進展

1 はじめに……………………………………………………………214
2 **投機的対応から延期的対応への転換**……………………………215
　投機と延期の考え方　216
　販売サイクルの短縮　217
3 **製販連携が可能にする延期的対応**………………………………220
　小売主導の製販連携　220
　リスク分担による延期的対応の効率比　221
4 おわりに……………………………………………………………224
　Column15-1　生産と流通における在庫回転率　219
　Column15-2　製販連携とPB生産　223
　考えてみよう／参考文献／次に読んでほしい本　224

索　　引　226

第1章

流通とは

1 はじめに
2 消費者の側から流通を見る
3 生産者の側から流通を見る
4 流通の主導権
5 本書で学びたいこと

1 はじめに

「流通」という言葉を聞いて何を思い浮かべるだろうか。経済活動としての「流通」といえば、さまざまな経済主体の間で行われる取引の結果としての貨幣や商品の移動をさすのが普通である。例えば、私たちがコンビニで弁当を買ったとする。弁当がコンビニから私たちに引き渡され、代わりにお金が私たちからコンビニに引き渡される。これが取引であるが、この時、コンビニは私たちに商品を販売し、私たちがコンビニから商品を購買したという。販売と購買は取引の裏表の関係にある。

同じような取引が、コンビニと弁当会社との間でも行われたはずだし、私たちもお金を手に入れるために、労力を含めて何かを他人に提供したはずである。ほかの商品にしても同じことである。経済活動はこうしたさまざまな取引のつながり、重なり合いの上に成り立っている。その取引のつながりを商品の動きとしてみたのが商品流通であり、商業論や流通論で「流通」といえば、この商品流通をさすのが普通である。取引は当事者が何らかの意図をもって行うものだから、商品流通はさまざまな主体の経済活動の結果として現れる。

商品流通には2つの側面がある。1つは取引そのもので、それによって商品の所有権が移転する。この所有権の流れを商流という。もう1つは商品そのものの空間的な移動で輸送や保管がこれに当たる。この後者は特に物流とよばれるが、それを全体的な流れの中で管理しようとするときにはロジスティクスとよぶ。取引と物流は並行して行われることもあるが、それぞれが独立して行われることもある。以下で単に流通というときには原則として取引の側面をさすものとし、物流にまつわる特有の問題は第7章でまとめて取り上げる。

また、この商流と物流にほぼ並行して、さまざまな情報が取引当事者間で移動する。それは情報流と呼ばれるが、その中には商品そのものに関する情報だけではなく、いつ、どこで、どんな人が、何を、どれだけ買ったかといった取引情報が含まれる。特にこの後者の取引情報は商流や物流を発生させたり管理したりするうえで、重要な役割を果たしており、近年ますますその重要性が高まっている。

2 消費者の側から流通を見る

❖ 小売商と卸売商

　私たちは毎日たくさんの財を消費しながら生活している。ちょっと身の回りを眺めてみるだけで、その種類の多さに驚くはずである。両親の時代には考えられなかった商品だって多い。私たちはそれを誰かから買って手に入れたはずだ。お店で買ったものもあれば、インターネットなど、お店以外で買ったものもあるだろう。インターネットを含む通信販売などを総称して無店舗販売とよぶ。カタログなどの通信販売が中心だった時代には、無店舗販売はほとんど無視できる程度だったが、今やインターネットの利用が主流となり、無店舗販売は流通の大きな位置を占めるようになっている。この新しい無店舗販売の動向については第8章でまとめて取り上げる。

　私たち消費者に商品を販売する業者は小売商とよばれる。その中には例えば家電製品や化粧品などのように、メーカーが生産したものや外国から輸入したものをそのまま加工せずに私たちに販売する業者もあれば、ベーカリーショップのように自店内で最終商品を生産して販売する業者もある。厳密にいえば、この後者は「製造小売」に該当するが、これらを含めて小売商と理解するのが普通である。

　さて、その小売商は誰からその商品を手に入れたのだろうか。中には生産者から直接仕入れた場合もあるだろうが、多くの場合、生産者と小売商との間には別の商業者が介在している。ここで商業者とは、原則として自分で生産することなく、第三者間の取引をつなぐ業者のことをいう。したがって、小売商もまた商業者であるわけであるが、小売商以外の商業者はまとめて卸売商と呼ばれる。卸売商と小売商の違いは販売先の違いであり、小売商の販売先が最終消費者に限られるのに対して、卸売商の販売先はメーカー、他の卸売商、機関使用者（大学、役所など）、小売商、外国企業など、広範にまたがる。それだけに、卸売商は多様になるが、特に小売商と向き合う卸売商については第9章で取り上げる。

　こうしてみると、私たちはほとんどの商品を生産者から直接買うのではなく、小

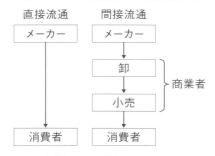

【図1-1　直接流通と間接流通】

矢印はモノの流れ

売商から買っていることがわかる。生産者と消費者が直接取引を行う場合を直接流通、間に第三者である商業者が入る場合を間接流通とよび、その間接流通のうち商業者によって担われている部分を商業とよぶ。消費者から見たとき、間接流通のおかげで、はるかに広範な生産者の商品に効率的に出会えることは直感的に理解できるだろう。

❖ 欲望発見（創出）機関としての小売商

　私たちは商品を買うとき、「この商品が欲しいから買った」と思っている。このことはおおよそそのとおりなのだが、よく考えると実際に商品を目にする前から欲しい、買いたいと思っていた商品はそれほど多くないはずである。例えば今着ているお気に入りのセーターはどうだろう。こんな色の、こんなデザインのセーターが欲しいと初めから思っていただろうか。いや、実際には店頭でそのセーターを見て気に入り、「こんなのが欲しかったのだ」と思ったことが多いはずだ。

　経済学では議論を簡単にするために消費者は自分の欲しい商品が何であるかをよく知っていると仮定している。確かにそんな場合もある。しかし、実際には欲しいものはぼんやりとしたイメージの中にあり、具体的な「こんな商品」は、実際に商品と出会って初めて感じることが多いはずだ。そう考えると、小売商は初めから欲しい商品を手に入れる場というよりも、ぼんやりとしたイメージでしかなかった欲しい商品と出会う場だということになる。その意味で、消費者から見れば、小売商は欲望発見機関だといえるが、そのことは売り手の側からすれば、小売商は消費者の欲望創出機関だということになる。

第 1 章　流通とは

【写真 1 - 1　あふれるばかりの商品が並ぶ小売店】

撮影：竹村正明

　初めから決まった商品を手に入れるというのであれば、子供のお使いのようなもので、買い物は単なる作業になってしまう。しかし、買い物はただ欲しい商品を手に入れるというのではなく、未知の商品と出会い、欲望が触発される機会でもある。私たちが多くの場合、買い物にワクワクとした感じや楽しさを感じるのはそのためである。

　さて、その小売商が店舗を構えている場合、ほとんどは他の小売商やサービス業などと隣接して立地するのが普通である。郊外の大規模な商業施設はショッピングセンターと呼ばれるが、そこには大きいところでは数百店もの小売商や飲食店が入っている。まちなかで小売商が軒を連ねるのは商店街である。商店街の多くは近年苦戦を強いられているが、かつてはまちの中心として賑わいを誇ってきた。商店街は無計画なところもあるが、その分意外性があり、変化に富んでいる。また店舗が連なって形成される街並みは、まちに独特の雰囲気や趣を与える。小売商の活動の結果でありながら、取引で売買の対象とはならないものを外部性と呼ぶが、街並みはその典型的な一例である。小売商の外部性はまちにとって重要な意味をもっており、その意義については第14章で改めて取り上げる。

3 生産者の側から流通を見る

❖ 拡がる市場

　今度は生産者の側から流通をみてみよう。生産者は商品を販売するために生産するのだから、生産した商品はとにかく販売しなければならない。商品を販売する広がりは生産者から見た市場と呼ばれる。ベーカリーショップのような小規模な業者であれば、自店で周辺の消費者に販売する直接流通で事足りる。しかし、生産規模が大きくなると必要な市場もそれだけ広くならなければならず、第三者である商業者の手を借りる間接流通が必要となってくる。間接流通によって、生産者は市場を効率的に広げることができる。それでもまだ生産規模が比較的小さい場合には、地方的な狭い市場の中で、数人の小売商の手を煩わせるだけで十分であるかもしれない。

　しかし、いわゆる大量生産体制が本格的に稼働するようになると、さらに広い市場が必要になり、販売市場は全国に向かって広がっていく。そうなると、小売商の数も圧倒的に多くなり、生産者が直接小売商と取引することも難しくなり、間に卸売商が介在することになる。日本の消費財分野で本格的な大量生産が始まるのはほぼ20世紀初頭のことであり、第二次世界大戦後になるとそれまで存在しなかったような商品までもが、大量生産されて市場に送り込まれるようになった。以下、特に大量生産体制を確立した生産者をメーカーと呼ぶことにしよう。現在の私たちの生活を支える商品の多くは、こうした全国的な、いや世界的な市場を目指すメーカーによって生産されるようになっている。

　いま、1人の小売商が1,000人の消費者と取引をし、1人の卸売商が50人の小売商と取引をすると仮定すると、生産者は1人の卸売商を通して5万人の消費者とつながることになる。取引する卸売商が5人になれば、つながる最終消費者は25万人にまで広がる。消費者に直接販売したときには、せいぜい1,000人でしかなかった市場が、小売商や卸売商が間に入ることで、一気に広がることが理解できるだろう。

単に市場が空間的に広がるだけではない。今や、取引は生産者―卸売商、卸売商―小売商、小売商―消費者の3段階に分かれるが、この取引のあり方を想像してみるとよい。メーカーの段階では大量の商品が毎日、連続的に生産されており、メーカーは大量の安定した取引を通して商品を販売しなければならない。それに対して、末端の消費者はほとんど気まぐれのように、少しずつ商品を購入しており、そこに規則性はほとんど見られない。川上と川下におけるこの取引の量と質の差を調整するのも、間接流通における商業の大きな役割なのである。

　ここでは簡単化のために卸売商は1段階だけと仮定したが、市場がさらに広がると、さらにもう一段階ないし2段階の卸売商が介在することもある。こうなった時、川上のほうから順に、第一次卸、第二次卸などと呼び、小売商に販売する卸売商を最終卸と呼ぶこともある。

❖ 伝統的な流通機構

　生産者が小さい時には地方市場で事足りるといったが、例えば産地が形成されるような場合、個々の生産者は小規模でも産地全体としては大量の商品が生産されることがある。こうなると、産地としてはもちろん、個々の生産者も市場をその地域以外に求めなければならなくなる。

　しかし、小規模で分散的な生産者が広域に広がる市場の小規模な小売商と直接取引を行うことはほとんど不可能である。産地の各生産者がばらばらに市場に商品を送り出すよりも、そこで生産される同種の商品をまとめて大きな単位を形成し、それを広い市場に向かって出荷していくほうがはるかに効率的である。このことの原理的な説明は改めて第13章で行うが、その結果、典型的には図1-2のような流通機構ができ上がることになる。これが小規模な生産体制の下で流通が広域に行われる場合の典型的な流通機構とされるが、川上のほうから順に、収集段階、仲継ぎ段階、分散段階を経由していることがわかる。

　こうなると、卸売商は2段階どころか、3段階にも4段階にも分かれることがある。大量生産体制が確立する以前は、日本でも卸売商が多段階にわたって取引に介入していた。現在でも、生鮮食料品など一部の商品ではこの図に近い流通が行われているが、大量生産体制が確立した分野では、卸売商はせいぜい2段階か3段階程度となることが多くなっている。情報通信技術の発達や物流技術の発達もこうした流通段階の短縮化に貢献している。

【図1-2　伝統的な流通機構】

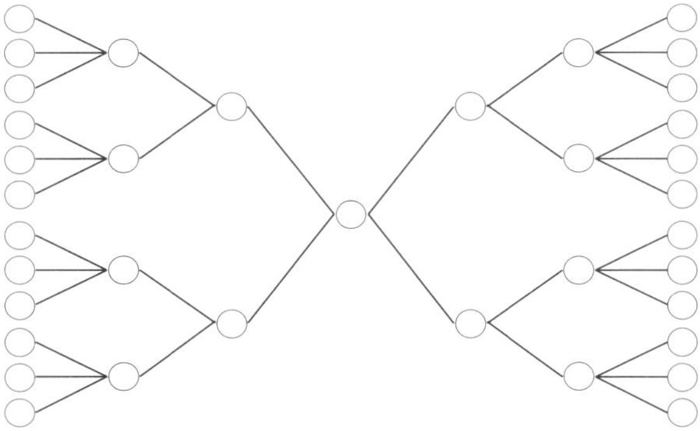

生産者	卸売商			小売商	消費者
	収集段階	仲継ぎ段階	分散段階		

　ここまでほとんど単一種類の商品を念頭において議論してきたが、実際には多くの種類の商品が同じルートを通って取引されているし、川上と川下では取り扱われる商品の種類も異なっている。例えば、まちの果物店やスーパーの果物売場を覗いてみよう。そこには多種多様な果物が販売されているし、その産地もまちまちであるはずである。さまざまな産地からこの果物店、果物売場に果物が届けられてきたのであり、そのための取引が行われてきたのである。

　みかんの産地ではみかんしか取引されていない。柿の産地では柿の取引しか行われていない。しかし、末端の小売段階では、店頭にはみかんも柿もリンゴも、さらには外国から来たバナナも並んでいる。その1つひとつについて収集・仲継ぎ・分散を経ながら、各段階で取引が合流し、取扱い商品の構成が変わっていく。こうした異質な商品の組合せは品揃えとよばれるが、流通機構はその過程でこの品揃えの内容をも変換することによって、消費者に豊富な財を提供し、生産者に市場を準備する役割を果たしているのである。この点の原理的な説明も第13章で行われる。

4 流通の主導権

❖ メーカー主導型流通

　商品流通は取引のつながりであるといった。その取引は本来、当事者間の自由で対等な関係の中で成立するものではあるが、実際には取引において力関係の優劣が存在することも否定できない。この力関係は多様な要因によって規定されるが、企業規模と情報力は、中でも特に重要な要素である。図1-1のような伝統的な流通の場合には、仲継ぎ段階の卸売商の規模が最も大きく、そこに広域の情報が集まった。生産者は卸売商の販売網に決定的に依存し、その結果その先の流通についてはほとんど関心をもつ必要もなかった。そうなれば、卸売商が流通全体の主導権をもつのはごく自然なことで、かつて日常的に用いられた「そうは問屋がおろさない」という言葉は、その時代の名残を伝えていた（Column 1-1）。

　しかし、生産技術が発達し、大量生産体制が確立するようになると様子は異なってくる。メーカーの規模ははるかに大きくなり、全国的な市場を必要とするようになる。ここではもはや収集段階の卸売商は必要ないが、中継ぎ段階に位置した卸売商が要の位置にあって、全国的流通を指揮することになるから、メーカーはこの卸売商により大量の商品を売り捌くよう依頼するしか方法はない。そのためにはリベートを含むさまざまなアメが提供されるが、依頼された卸売商は販売網をくまなく張り巡らすために新たな小売商を開拓していく。こうした努力の中で十分な市場が確保できれば問題はないが、実際にはそれほど簡単ではないことが多い。

　リベートを付けて押し込んだからといって、商品が簡単に売れるわけではない。売れなければその分、流通段階での商品の在庫量が増加する。在庫が増えると、それを値引きしてでも販売しようという誘惑に駆られる。はじめはリベートがその原資となる。誰かが安売りを始めると、他の業者もそれに対抗せざるを得なくなる。激しい価格競争が始まり、ときには仕入原価をさえ割るような乱売を引き起こすようになる。そうなると、正常な価格で販売しようとする業者の取扱い意欲が減退し、全体の流通そのものに悪影響をもたらすことになる。

> Column 1-1
>
> ## そうは問屋がおろさない
>
> 「そうは問屋がおろさない」という言葉を聞いたことはないだろうか。漢字では「卸さない」と書く。問屋というのは卸売商の古いよび方で、「とんや」とも「といや」とも読む。特に所有権をもたない卸売商を問屋とよぶこともある。「なかなか調子のよさそうな話だが、そううまくはいかないぞ」「そんな身勝手な思惑はどこかで邪魔が入ってつぶされるはずだ」といった感じなのだろうか。
>
> こういうと、問屋は正義の味方のようにみえる。しかし、この言葉は問屋を正義の味方として讃えているわけではない。うまく行きそうな話を邪魔する実力者、権力者として表現しているのである。
>
> 江戸時代、首都江戸は世界でも有数の大都市であった。しかし、その中心となったのは全国から集まった武士とその家族であった。彼らはものを生産してはいない。だから、江戸という都市に限ってみれば、明らかに需要が供給を上回っていた。放っておけば、慢性的な供給不足となる。この問題を解決するためには全国から大量の物資を江戸に集める必要があった。
>
> その全国流通の要の位置にいたのが問屋である。多くの商品は産地の問屋から大坂の問屋を経て、江戸の問屋に運ばれた。問屋自身には政治権力はなかったが、商品と情報とお金を握り、それによってしばしば政治を動かす実力を手に入れた。時代劇で悪代官と手を結ぶ問屋を想像すればわかりやすい。そんな問屋に逆らっては、物事がうまく運ばないという意味が込められている。
>
> 明治時代になってからも、日本の卸売商は世界的にみても力が強く、卸売商主導型の流通が長く続いた。生産者もその卸売商の力を利用して成長した。しかし、戦後の高度成長期以降、生産者が巨大化し、情報通信技術や物流技術が発達することによって、卸売商の力はだんだんと弱くなっていった。その頃から「そうは問屋におろさない」という言葉さえ聞かれるようになった。

さらにはくまなく張り巡らされる販売網には体力の弱い小売商も含まれるが、そうなると販売数量を確保するのに手間暇がかかるようになると共に、代金回収の遅れや貸し倒れのリスクも高くなる。こうした事態を改善するためには、メーカーは自らが流通過程に強い関心を持ち、末端まで流通を管理する必要に迫られるようになる。日本でいえば、1920年代頃（大正10年頃）からその傾向が強まり、戦後になってその傾向が一層強まっていった。

流通への関心を強めたメーカーの取り組みは流通系列化として総称される。流通系列化は実際にはさまざまな活動をとおして行われる。具体的には第12章で取り上げるが、流通各段階での過度な価格競争を抑制することを最大の目標に、取扱業者に一定の地域における独占的な販売権を認める代わりに、競合製品を取り扱わない専属販売を求めたり、小売商に取引先となる卸売商を登録させて取引関係を簡素化するなど、細部にわたる管理を行う。その結果でき上がるのが、事業体としてはメーカーから独立しながら、実際上はメーカーの販売網として機能するような流通体制である。こうなれば流通の主導権をもつのがメーカーであることは明らかである。高度成長期以降、ほぼ2000年（平成12年）頃まで、多くの消費財産業ではこうした流通体制が主流となっていた。

❖❖ 小売商主導型流通

高度成長期以降、特に顕著となったメーカーの流通系列化はメーカーが既存の卸売商や小売商を自らの販売網の中に組み込もうとするものであった。それを支えたのは戦後になって本格的に紹介されたマーケティングの考え方であった。メーカーは卸売商ではなく消費者を最終的な販売の標的と考え、新たに消費者志向の考え方を導入し、製品、価格、販売経路、広告を含む販売促進など、すべての活動を統一的に管理するようになった。それがマーケティングであるが、上の販売網の整備もその一環をなすものであった。

こうした動きが始まったころ、日本では流通革命という言葉が流行するが、それはメーカーのこのような動きとともに小売業で始まった本格的なチェーン化を表現していた。それまでの小売商は地域に根ざした商店であり、規模を拡大するといっても1つの店舗を大規模化するか、せいぜい近隣地域に数店舗を出店する程度であった。その意味ではメーカーとの規模格差は歴然としており、流通の主導権は当然のようにメーカーがもつこととなったのだった。

しかし、次第に小売業のチェーン化が進み、1970年（昭和45年）頃からは全国的にチェーン展開する企業が現れるようになる。総合スーパーに始まったこのチェーン化の動きは、専門店チェーンやコンビニエンスストアのチェーンへと広がり、これらの企業の規模が一気に拡大していった。チェーン展開が進めば、1つひとつの店舗は小さくても、チェーン全体としての規模は圧倒的に大きくなる。その結果、メーカーにとって、1つのチェーンへの販売額が全体の販売額の何割にも達

Column 1-2

流通は経済の暗黒大陸

「流通は経済の暗黒大陸だ」といったのは、あのドラッカー（Peter F. Drucker）である。1962年（昭和37年）のことである。「暗黒大陸」というのはナポレオンの時代の人びとからみたアフリカ大陸のことで、そこに巨大な何かがあることは知っているが、その中がどうなっているかについてはまったく知らない、未知の世界だという意味である。もちろん、ドラッカーはアメリカの流通をみてそういった。アメリカ人はアメリカの巨大な流通機構のことをまったくわかっていないが、今そこに大きな変革が現れようとしているというのであった。

アメリカでは1920年代（大正10年頃）にチェーンストア運動が爆発し、1930年代（昭和5年頃）にはスーパーマーケットも登場していた。日本からみればアメリカの流通は何年も先を行く輝かしいモデルであり、未来像であったはずだ。実際、この頃、多くの精鋭の小売商たちがアメリカを訪問して最先端の小売業態に惹かれ、競うようにしてそれを取り入れていき、それが小売業に大きな革新をもたらすことになるのだった。

そのアメリカの流通が暗黒大陸なら、日本の流通はさらにもっとひどい暗黒大陸だった。卸売段階での取引関係は錯綜し、その業界の関係者でさえ、取引がどのように連鎖していっているのかを掴むことはできないといわれたほどだった。卸売商主導型の流通といっても、卸売商が整然とした流通の全体を統制できているのはごく一部に過ぎなかった。実際、医薬品や化粧品を中心に、1953（昭和28）年にメーカーの再販売価格維持が認められるが、多くのメーカーがこの制度を利用するまでに10年以上の歳月を要している。誰と契約を結んでいいのかさえわからず、取引ルートを整備するのにそれだけの時間が必要だったのだ。

日本では流通の後進性を表現するとき、長くこの言葉が使われた。しかし、高度成長が続く中、川上からはメーカーの流通系列化が進み、川下からはスーパーチェーンが成長し、取引関係はだんだんと整序され、見えやすくなっていった。「流通革命」と呼ばれた動きであるが、その結果、この言葉は1980年代（昭和55年頃）にはほとんど「死語」のようになった。

今や、流通の主要な部分はコンピューターネットワークによって管理され、透明性はきわめて高くなっており、アフリカ大陸と同様に、現代の世界を支える重要な一員として評価されている。

【写真1-2　取引の鍵になる電子情報端末（POSレジ）】

Taras Vyshnya/Shutterstock.com

するようになる。こうなると、もはやその小売商の意向は最大限に尊重しなければならなくなる。

　単に規模だけではない。その間に進んだ情報処理技術の発展によって、商品の大量の販売情報がきめ細かく、しかも瞬時に、チェーン本部に蓄積されるようになる。どこの店舗で、どんな商品が、どの時間帯に、どんな消費者に、どのくらい販売されたか、その消費者は同時に関連してどんな商品を購買したのかといった情報は、大量の取引情報を集計して解析することによってはじめて得られるが、チェーン本部は各店舗の販売情報を接続することで、こうした新たな情報を手にすることができる。こうして、規模と情報という取引における力関係を規定する2大要因が、ここにきて小売商、特に全国チェーンに集中するようになる。それが日本ではほぼ2000年前後（平成12年前後）のことである。そうなると、メーカーが流通の主導権をもち続けることは難しくなり、流通の主導権は小売商に移り始める。それによって、取引の実際の姿も変化するが、それについては第11章、第12章で取り上げる。

　もちろん、すべての消費財分野で同じような動きがあるわけではない。さすがに卸売商主導型の流通は少なくなったが、メーカー主導型の流通は今も分野によっては残っているし、小売商が主導権をもつようになったといっても、その程度や具体的な姿はさまざまである。少し丁寧に観察してみれば、そのことには容易に気づくことができるはずである。現実にはさまざまな流通の形態が同居している。そのことを理解し、なぜそうなのかを考える。そのうえで、これから先、それがどのよう

に変化していくのかに思いをはせる。そのことに興味をもてれば、流通を理解する旅への出発点に立つ準備は整ったことになる。

5 本書で学びたいこと

　流通について、おおよその流れを理解してもらえただろうか。流通は人類の歴史とともに古い。その長い間にさまざまな流通の様式が登場し、変化してきた。今の流通の姿もまた決して絶対的なものではない。絶えず変化していく中での1コマであることは間違いない。それでも、流通は私たちの暮らしと切っても切れない関係をもっている。流通なしに私たちの生活はまったく考えることもできないはずである。

　本書では、まず私たちに最も身近な小売業の様態から出発して、その変化や特徴を整理することから始める（第2章〜第5章）。その後に、そうした小売商のあり方やその変化に決定的な影響を与えてきた要因を整理し（第6章〜第9章）、そのうえで流通の現状を確認する（第10章〜第12章）。そして、最後にやや理屈っぽくなるが、流通の変化を理解するうえでの基本となる重要な視点を整理する（第13章〜第15章）。理論というと堅苦しいが、それまでの現実の動きに関心をもってもらえたら、その整理として理解してもらえるだろう。このテキストを最後まで読んで理解してもらえたら、流通を見る目が少しは豊かなものになるものと期待している。

　さあ、では準備は整った。流通を理解する旅に出発しよう。

? 考えてみよう
1. 流通の役割を整理してみよう。特に大量生産と消費者の小規模、分散性の関係について考えてみよう。
2. 流通の現場を見てみよう。特に小売の現場を眺めてみて、なぜそれがそうなっているのか考えてみよう。
3. 流通の発展について考えてみよう。特に昔はこうだったのに、今はこうなっているとか、こうなっていればもっと便利なのに、ということを整理してみよう。そこから流通の変容、つまり誰が主導権を握るか、そしてその結果どうなるかを

考えてみよう。

参考文献

石原武政『商業組織の内部編成』千倉書房、2000年
石原武政・矢作敏行編『日本の流通100年』有斐閣、2004年
田村正紀『流通原理』千倉書房、2001年

次に読んでほしい本

大阪市立大学商学部編『流通』（ビジネス・エッセンシャルズ〈5〉）有斐閣、2002年
渡辺達朗・原　頼利・遠藤明子・田村晃二『流通論をつかむ』有斐閣、2008年

第2章

百貨店と総合スーパー

1 はじめに
2 百貨店の革新
3 百貨店と総合スーパーが誕生した歴史的背景
4 総合スーパーの成長とそれを支える仕組み
5 おわりに

1 はじめに

　いま、身の回りにあるモノを見渡してみよう。おそらく、そこにあるモノの大半はどこかの店で買ってきたものではないだろうか。では、そのうちの1つを選び、店の前に着いてからそのモノを買うまでにどのような行動をとったのかを思い出してみよう。どのようなモノを選んだかにもよるが、おそらく、「店に入る ⇒ 陳列されている商品を眺める ⇒ 購入する商品（あるいは特定のブランド）を決める ⇒ 自分がもっているお金でその商品を購入できるかを考える ⇒ その商品をレジにもっていき、店員に渡す ⇒ 現金やカードで商品代金を支払う ⇒ その商品を手にして店を出る」、このような流れでそれを買ったのではないだろうか。

　おそらく多くの読者がこのような買い物の仕方を当たり前のものだと思っているだろう。しかし、実はこの一連の行動の中に、かつてはまったく違った姿であったものが存在する。その姿を大きく変えたのが、本章で取り扱う百貨店や総合スーパーである。そこで、かつての買い物の仕方を振り返ることから始めてみよう。

2 百貨店の革新

　私たちの買い物の仕方を大きく変えた小売業として、百貨店の存在を欠かすことはできない。現在の百貨店はというと、駅前に巨大な店舗を構え、伝統と高級感溢れる雰囲気を醸し出し、若い人たちが買い物に訪れるには少々抵抗があるという声を聞くこともできる。しかし、百貨店は買い物客が気軽に買い物ができるようにと、日本の小売業界史の中でも画期的とされる革新を行ってきた。まずは、それをみていくことにしよう。

❖ 百貨店がなかった頃の買い物

　百貨店が誕生する以前に存在していた小売業では、客が店に入ろうとするとそこ

は土足禁止で、まずは履物を脱がなければならなかった。履物を脱いで畳にあがっても、そこには商品が並んでおらず、馴染みの番頭に自分が買いたいものを告げなければならなかった。そうすると、番頭は丁稚や小僧と呼ばれる店員に奥にある蔵から商品をもってこさせ、その時に初めて商品を目にすることができたのである。一度で気に入った商品が見つかればよいが、もし商品が気に入らなければ、改めて番頭に違う商品をもってくるように依頼するということを繰り返さなければいけなかった。ようやく商品を気に入ったと思っても、そこには値札がついていないため、番頭にその商品の値段を尋ね、値段が折り合わないと1つひとつの商品で値段の交渉をせねばならなかった。値段に折り合いがついても、その場で代金を支払うということはせず、掛（かけ。いわゆる「ツケ」）で商品を持って帰るのが普通であった。

　これだけを読んでも、かつての買い物は随分と手間がかかるものだったということが容易に想像できるだろう。店の入口にある暖簾や看板を見ればその店が何屋かわかっても、店に入ってどのような商品があるのかわからないうえに、手にとった商品の値段もわからず、何かを買いたいと思うたびに店員とさまざまな交渉をしなくてはいけないのだから……。もちろん、ウィンドーショッピングなどやりようがないし、誰かとの待ち合わせに店を使うなどということもできなかっただろう。

　本章で紹介する百貨店は、日本の流通業の姿を大きく変える革新を行ってきた。土足で店に入るのを認めたのも、店頭に商品を並べるようにしたのも、商品に値札を付けたのも、現金で商品を買えるようにしたのも、百貨店がそれぞれの時代に他の小売業に先駆けて行ってきたことである。例えば、商品に値札を付け、購入時に代金を支払うという方法（「現金正札販売」と呼ばれる）は、1683年（天和3年）に呉服店越後屋（のちの三越）によって導入されたとされている。1683年といえば、徳川三代将軍綱吉が「生類憐れみの令」を出す2年前であり、まだ多くの小売商が常設の店舗をもたず、天秤棒をかついだ振売（ふりうり）・棒手振り（ぼうてふり）と呼ばれる商人が魚や野菜、豆腐などを売り歩いていた頃である。商品が店頭に陳列されるようになっていったのは1800年代末期から1900年代初頭にかけてのことであるし、店内へ土足で入ることを認めるようになったのは更に後で、1923年（大正12年）のことである。いずれも歴史の教科書か時代劇でしか見ることができない時代の話であるが、百貨店がこれらの革新を起こしてきたからこそ、私たちは現在のような買い物ができるようになったのである。

　百貨店が起こした革新は、何も買い物の仕方に限ったものではない。例えば、

「お子様ランチ」を発明したり、日本で初めてファッションショーを開催したのは三越であるし、労働者としてパートを日本で最初に雇ったのは大丸である。あるいは百貨店はいち早くエレベーター、エスカレーター、あるいは冷暖房装置のある空調設備といった設備も導入してきた。しかし、百貨店が行った最大の革新は、これらとは別のところにある。次は、それをみていくことにしよう。

❖ 百貨店の誕生

日本の百貨店は、呉服屋から始まったものと鉄道会社が開業したものに分けることができる。前者の代表として髙島屋、大丸、三越、伊勢丹、丸井、そごう、松坂屋を、後者の代表として西武百貨店、阪急百貨店、東急百貨店、近鉄百貨店をあげることができる。このうち、特に前者の呉服系百貨店は創業以来驚くほどの長い歴史をもっている（表2-1）。先ほど紹介したさまざまな革新は、そのいくつかが百貨店が呉服屋時代に果たしたものである。それぞれの時代に画期的なことを行い多数の消費者を集めてきた呉服屋は、1900年代に入ってから現在の百貨店の姿へと変わっていった。

【表2-1　日本の代表的な百貨店の創業年】

百貨店名	創業当時の店名	創業年
松坂屋	いとう呉服店	1611年
三越	呉服店越後屋	1673年
大丸	呉服屋大文字屋	1717年
髙島屋	たかしまや	1831年
伊勢丹	伊勢屋丹治呉服店	1886年
阪急百貨店	阪急百貨店	1929年 (鉄道系百貨店の誕生)

筆者作成

日露戦争の只中である1905年（明治38年）1月2日、三越呉服店（後の三越）は全国の主要新聞に、今後三越が呉服店から百貨店に変わるという全面広告を掲載した。これを「デパートメント・ストア宣言」という。このデパートメント・ストア宣言では、呉服の専門店であった三越が呉服だけでなく衣服装飾すべてを品揃えし、取扱い品目を増やすことによって、当時アメリカに存在した「デパート」になるのだと宣言している。三越はこの宣言どおりに化粧品や帽子、鞄、靴、石鹸、美

【写真2-1　現在の三越】

Osugi/Shutterstock.com

【表2-2　百貨店の典型的なフロア構成】

屋上
7階：美術品、呉服、宝飾品、眼鏡、時計
6階：食器、調理用品、寝具
5階：子供服、玩具、文具、家具、電気製品
4階：紳士服、紳士雑貨
3階：婦人服、呉服、手芸用品
2階：婦人服、鞄、靴
1階：婦人雑貨、アクセサリー、化粧品
地階：食料品（和洋菓子、惣菜、和洋酒）

術品、貴金属、煙草、文房具など、取扱い商品を徐々に増やしていき、それに伴って店舗規模も拡大していった（写真2-1）。

　表2-2は、いくつかの百貨店のフロアガイドを参考に、百貨店の現在の姿を簡略化したものである。この表を見るまでもなく、現在の百貨店は巨大な店舗に多数の商品を販売している。現在ではほとんど姿を見なくなっているが、かつての百貨店には家電製品や書籍が販売されていたり、店内で自動車が販売されていた時期さえ存在した。その先駆けとなったのが、三越呉服店によるデパートメント・ストア宣言とそれ以降の取扱い商品の拡大である。実は、これこそが、百貨店が行った最大の革新ともいえるものなのである。

　三越呉服店がデパートメント・ストア宣言を行った頃は、小売業といえば呉服を

扱っていれば呉服屋、酒を扱っていれば酒屋、野菜を扱っていれば八百屋といったように、取り扱う商品の種類によって分類される店ばかりであった。表2-2の場合でいえば、呉服のほかに紳士・婦人・子供服、眼鏡、時計、アクセサリー、玩具、文房具といった、それぞれ別々の小売業者が扱っていた商品を1つの店舗の中で扱うようになったのは、画期的なことであった。これがなぜ画期的といえるのかという理由については、大別すると2つの側面から説明することができる。

第1に、それまで呉服なら呉服、食品なら食品を扱っていた店がそれらの商品を一緒に扱おうとすると、仕入先の開拓・選定から実際の商品の扱い方まで、求められる条件が多くなるからである。例えば、今でいう服屋が野菜を売るというケースを想像してみてほしい。この店はどこから野菜を仕入れればよいのか、冷蔵ケースをどこから仕入れ、店内のどこに設置するのか、お客さんにどのように売るのかということを考えなくてはならない。このような仕入れと取扱い技術を克服することが難しいのである。

第2に、取り扱う商品が増えてくると、それだけ「売れ残ったらどうするか」という問題を考えなくてはならないからである。先の服屋の場合、服にも確かに流行はあるが、野菜を取り扱うとなると、商品が腐ってしまうおそれもあり、売れ残らないようにするにはどうすればよいかを考える苦労はいっそう増えるに違いない。この売れ残りリスクを背負ってもなお取扱い商品を広げていこうとした小売業が、日本では百貨店が初めてだといえるからこそ、画期的だといえるのである。

3 百貨店と総合スーパーが誕生した歴史的背景

❖ 日本の欧米化と百貨店の誕生

三越がデパートメント・ストア宣言を行った1905年（明治38年）というのはどういう時代だったのだろうか。歴史に詳しい方であればイメージが湧くかもしれないが、当時の日本は「ざんぎり頭を叩いてみれば文明開化の音がする」と表されたように、廃刀令（1876年（明治9年））が出されたり、鹿鳴館が竣工（1883年（明治16年））されたりといったように、欧米文化が入ってくることにより欧米化

が進んでいった時期であった。当時の日本政府は欧化政策を行っており、日本に舶来品が次々と採り入れられるようになっていった。また、この頃の日本は産業革命も進み、それに伴って農業就業者が減少し、都市への人口集中が顕著になり始めた時代でもあった。都市への人口集中が進み、それに伴って交通機関が発達し始めると、多数の消費者が買物をする場が必要となってくる。百貨店はこのような時代背景のもと、みずからの姿を変えていこうとした。

　呉服屋として呉服だけを販売していたのでは、自社の売上は限られたものになってしまう。化粧品や帽子、鞄に靴、それに傘や貴金属なども売るようになれば、それだけ売上も伸びるに違いない。消費者は洋風の商品を消費するようになっているし、洋風の商品を中心に取扱い商品を増やしても、それを買ってくれるだけの消費者が都会に集まりだしているのだから売れるに違いない。当時の百貨店がこのように考えたかどうかは定かではないが、呉服という「和」から洋服を初めとする「洋」へと取扱い商品を増やしていったのは、時代の影響を受けていることは間違いない。

　百貨店が取扱い商品を増やしていくことになると、当然のことながら、店の大きさも徐々に大きくなっていく。そこに当時の日本ではまだ珍しいショーウィンドーやエレベーター、エスカレーター、スプリンクラーや冷暖房装置のある空調設備といった、欧米で導入されている設備も次々に取り入れられるようになっていった。そのため、消費者にとっては、当時の百貨店は遠い異国の雰囲気を味わえる数少ない場所へと変貌を遂げていくことになる。その結果、百貨店は、今でいうテーマパークのように、恋人同士や家族揃って出かけ、夢や感動、驚きや興奮を味わえる場所へとなっていった。そうすると、百貨店は来店客にさらに夢や感動を与えるために、たとえ滅多に売れないとしても「こんな商品があるんだ」と思われる商品を仕入れていき、ますます取扱い商品を増やしていくことになった。

❖ 高度経済成長と総合スーパーの成長

　日本国内に存在する小売店舗の数は、ピーク時である1982年（昭和57年）には約172万店存在していた。これが2014年（平成26年）には102万4,881店まで減少した。とはいえ、世界的にみるならば日本における1,000人あたりの小売店舗数は多い（日本7.4、アメリカ2.9、イギリス4.7、ドイツ3.8）。これだけ多くの小売業の大半が中小小売商であり、百貨店が登場するまでは、そのほとんどが酒屋、衣料品店、雑貨屋など、特定のカテゴリーの商品を扱う店であった。その中でも呉

服屋から転身を遂げた百貨店は、取り扱う商品が増えていった分だけ売上を増やしていき、小売業界売上高ランキングの上位を占めていた。例えば、1960年度（昭和35年度）には、日本国内に年商60億円以上の小売業者が19社存在したが、それらは全て百貨店であった。

　1960年（昭和35年）というと、日本では高度経済成長と呼ばれる時代の真っ只中である。周知のとおり、高度経済成長とは1955年（昭和30年）から1973年（昭和48年）の約20年間における、年平均10％を超える経済成長を遂げていた時代のことをさしている。この時代における「もはや戦後ではない」（『経済白書』1956年（昭和31年）版）という表記や「所得倍増計画」（1960年、池田勇人内閣）などは、高校の現代社会や政治経済などでも習った覚えがあるだろう。当時は日本国内における三種の神器（テレビ、電気洗濯機、冷蔵庫）や３Ｃ（自家用車、カラーテレビ、クーラー）の普及率が爆発的に伸び、農村部から大都市圏への大規模な人口移動により、日本の人口構造が大きく変化した時代であった。

　高度経済成長に伴い所得が増えた人たちが買い物をしようとすると、百貨店での特別の買い物を除けば、地元の商店街などにある小さな店で買い物をするしかなかった。また、経済成長に伴い製造業者が大規模化することでその販路を求めていた頃、総合スーパーが誕生・成長を遂げ始めることとなる。例えばダイエーは1957年（昭和32年）に大阪に第１号店をオープンしており、大量生産・大量消費に足並みを合わせたかたちで成長していった。その結果、百貨店の小売業界に占める相対的な地位は、1970年（昭和45年）以降徐々に降下していくことになる。

　表２-３は1960年度（昭和35年度）以降の日本の小売業の売上高上位５社をまとめたものである。この表を見ても分かるとおり、かつて小売業の上位を占めていた百貨店は徐々にダイエーやイトーヨーカ堂、西友、ジャスコ（現在のイオン）と

【表２-３　日本の小売業売上高ランキング】

	1960年度	1970年度	1980年度
1	三越	三越	ダイエー
2	大丸	大丸	イトーヨーカ堂
3	高島屋	高島屋	西友
4	松坂屋	ダイエー	ジャスコ
5	東横	西友	三越

注：網かけが百貨店
出所：日経流通新聞「日本の小売業調査」各年版

【写真2-2　現在のイオン】

haireena/Shutterstock

いった総合スーパー（GMS: General Merchandise Store）に売上高上位の地位を奪われていくことになった。特に、1972年（昭和47年）にはダイエーが小売業売上高第1位の座を三越から奪い、小売業売上高首位の座に就くこととなる。

4　総合スーパーの成長とそれを支える仕組み

　日本の百貨店は創業以来非常に長い歴史を経ているうえに、デパートメント・ストア宣言以降、取扱い商品を広げていくことにより、小売業界におけるみずからの地位を確立していった。それに対し総合スーパーは、創業以来驚くほどの早さで小売業界における地位を確立していった。例えば、ダイエーは1972年（昭和47年）、創業から15年で同年創業300年を迎えた三越から小売業売上高第1位の座を奪うという急成長を遂げた。

　では、総合スーパーが単に取扱い商品を広げていくことにより百貨店を凌駕したのかというと、そういうわけではない。これだけの急成長を遂げた背景には、ダイエーをはじめとする総合スーパーが店舗を積極的に出店し、いわゆるチェーン展開を進めていったことを見逃すことができない。

❖「大きい百貨店」、「多いスーパー」

　百貨店が取扱い商品を増やしていくことによって売上高を伸ばしていったことは既に説明したとおりである。これに対して総合スーパーは、百貨店に比べると取扱い商品は限られているものの、百貨店が果たせなかったペースで出店を進めていった。では、店を大量に出すことがなぜよいといえるのか。それは、特定の商品に限った場合、その企業が仕入れ・販売できる数が圧倒的に増えることに理由がある。

　大型店が1店だけあるとしよう。いくらこの店が大型店であろうとも、その店に来る客が片道何時間もかけてやってくることはほとんどない。そのため、特定の商品に限ってみると、その店が販売できる数には限界があるだろう。これに対して店舗が何十店、何百店もある場合、その商品を販売できる総数は一気に増えることになる。なぜなら、それぞれの地域ごとにその商品を購入する客がいても、それに対応したかたちで店が存在するからである。

　ある商品を大量に販売できるということはどういうことになるか。大量に買ってくれる上得意である以上、その総合スーパーに商品を販売する製造業者や卸売業者

Column 2-1

チェーン・オペレーション

　小売業者が多数の店舗を経営することをチェーン・オペレーションという。百貨店が多くとも10から20店舗ほどしか経営していないのに対し、代表的な総合スーパーをみると、イオンが626店（2017年（平成29年）2月現在）、西友338店（2018年（平成30年）2月現在）、イトーヨーカ堂が167店（同）、ユニー191店（同）と、100店舗以上の店を経営しているのは、チェーン化が進んでいることの表れである。本文中にも触れたとおり、チェーン化を進めることはメリットがあり、店舗数の多さが競争優位をもたらすことも多い。

　チェーン・オペレーションには3つのタイプが存在する（図2-1）。1つめは日本のスーパーが用いているレギュラー・チェーンである。レギュラー・チェーンとは、同一資本のもとで複数の店舗が経営されるチェーン形態のことをいう。すなわち、店舗が多数存在しても、それらの店舗全てを1つの企業が所有していることになる。

【図2-1　チェーン・オペレーションの3形態】

レギュラー・チェーン	フランチャイズ・チェーン	ボランタリー・チェーン

本社が支店を設立してチェーン化する。本社と支店は同一企業。	本部が一般から加盟店を募集する。応募企業の中から、本部が認めた相手に事業許可を与えてチェーン化。経営指導も行う。加盟店はその見返りに加盟料を支払う。本部と加盟店は別企業。	独立の小売商が、自発的に、共同で本部を設置。本部は経営支援を行う。加盟店はその見返りに加盟料を支払う。本部と加盟店は別企業。独立の小売商ではできないような業務の効率化を達成するための自主合同。

　2つめは、コンビニエンスストアで用いられているフランチャイズ・チェーンである。このチェーン形態では、フランチャイザー（本部）がフランチャイジー（加盟店）に商標の使用、店舗運営ノウハウなどを提供する代わりに、フランチャイジーが売上や利益に応じたロイヤルティを支払うという契約関係によって成立している。セブン-イレブンが約2万店（2018年（平成30年）2月現在。国内のみ、以下同）、ファミリーマートが約1万7,000店（同）、ローソンが約1万3,000店（2017年（平成29年）2月現在）もの店舗を運営しているのは、フランチャイザーであるこれらの企業がみずからの資本だけで出店するわけではないからである。

　3つめのチェーン形態は、独立した複数の小売業者が仕入れや販売促進の面において共同するチェーン形態であるボランタリー・チェーンだ。このチェーン形態はかつてレギュラー・チェーン以外のチェーンの総称として用いられていたこともあり、小売業者主宰のものだけでなく卸売業者や製造業者が主宰するものもあった。このチェーン形態では共通目標が設定され、契約関係で結ばれるものの、前2者のチェーン形態に比べ本部の統制力が弱い分、柔軟に参加・撤退しやすい。

にとっては、その店の意見や要望を無視するわけにはいかない。そのため、総合スーパーにとっては、仕入れ値を下げることができるようになるというメリットが存在する。Column 2 - 1 にもあるように、チェーン・オペレーションには3つの種類があるが、総合スーパーではレギュラー・チェーン方式を用いることで、多数の店舗を展開することによって、百貨店ではなしえなかった成長を遂げることができたのである。

❖ 総合スーパーによる販売方式の変化

　総合スーパーが多数の店舗を出店していこうとすると、取り扱っている商品が仮に販売員の商品知識が求められるような商品ならば、商品を販売する人を雇えず、店を出せないという事態も生じるかもしれない。しかし総合スーパーでは、生活必需品をはじめとした、消費者にとって身近な、消費者自身が商品知識をもっているような商品を販売している。そのため、たとえ商品に詳しい販売員がいなくとも、来店客は自分で勝手に買い物カゴに商品を入れてレジに並ぶという買い物の方法をとっている。

　今では当たり前のようになっているが、店に入る際にカゴをもち、消費者みずからが棚から商品をカゴに入れ、それをもってレジに並ぶという姿は、1950年代までは存在しなかった。総合スーパーはこのセルフサービス方式を用いることにより、多数の来店客に日常の生活用品を販売するという役割を担うようになっていった。

　セルフサービス方式を用いれば、消費者は販売員とレジ以外で接することなく買い物ができるので、入店してから買い物を終え、店を出るまでの時間が短縮できる。それは店側にとってみれば、来店客の回転率が上がるというメリットを意味している。さらに消費者にとっては、販売員が接してくる煩わしさから解放されることにより、気軽に入店できるようになった。現在でも「時間つぶし」という理由でコンビニエンスストアなどに入店する消費者が多く存在するが、それは、このセルフサービス方式が用いられるようになったことが大きく影響している。

5　おわりに

　かつて百貨店がさまざまな革新を起こすまでは、買い物というのは煩わしく、面倒なものであった。また、総合スーパーが誕生・成長していくまでは、現在当たり

Column 2-2

対面販売とセルフサービス

　店に入ってから買い物カゴをもち、棚に並んでいる商品をカゴに入れていく。その後、買い物カゴをレジにもっていき支払いを済ませる。このような買い物の仕方をセルフサービスという。今では当たり前になっているこの買い物の仕方は、誕生してからまだ60年強しか経っていない。小売業というものが世の中に誕生して以来セルフサービスが誕生するまでは、販売員が直接消費者に商品を販売する対面販売方式がとられていた。百貨店が現在でも対面販売を中心に行っているのは、百貨店がスーパーよりも早く誕生したことに起因する。

　では、なぜ百貨店がより早い段階でセルフサービス方式を用いなかったのかというと、セルフサービスに求められるハードが存在しなかったことと関係している。セルフサービスには手にとって商品を眺められる什器や、商品を入れるカゴ、来店客がもってきた商品の金額を効率よく計算するためのレジが必要となる。これらのハードが揃っていったことが、スーパーによるセルフサービスの導入を促すこととなった。

　また、セルフサービス方式を用いようとすると、棚に並べている商品が消費者にとって馴染み深い商品である必要がある。今ではいくらセルフサービスに慣れているからといっても、棚に並んでいる商品が初めて目にするような商品であったなら、店員に商品説明をしてもらおうとするだろう。総合スーパーはチェーン展開することによって商品の大量購入を行い、その購買力を背景に、セルフサービスに適した商品の開発を製造業者に促していくことができた。

　小売業者がセルフサービス方式を用いることは、販売員の人件費を削減できるばかりでなく、消費者が気軽に来店できるようになったり、複数の商品を手にとって比較しやすいなどといったメリットがある。そのため、現在でも多くの小売業者がセルフサービス方式を用いることで、消費者が買い物しやすい店舗づくりを行っている。

前のように「チェーン店」とよんでいるような多店舗展開している店など存在しなかった。

　本章で学んだのは、小売業の先駆者たちの2つの取組みである。百貨店は品揃えを拡大し、総合スーパーは店を増やした。それらは日本の買い物をリードしてきた。前者は世界中から珍しいものを集め、後者はいいものを安く提供した。それらは時

代の要請に応えたのである。もちろんそれは、本章で取り扱った百貨店と総合スーパーだけに限った話ではないが、本章を読むことによって、小売業が消費者の生活スタイルや買い物手段から影響を受け、また、それらに影響を及ぼしながら発展していくものなのだということを垣間みることができただろう。

❓ 考えてみよう

1. セルフサービスと対面販売を比較し、どのような店がセルフサービスに向いており、どのような店が対面販売に向いているのかについて考えてみよう。
2. 近年、大丸と松坂屋、伊勢丹と三越のように、百貨店の統合が進んでいる。なぜこのような現象が生じるのかについて考えてみよう。
3. 総合スーパーが総合化を進めることで取扱い商品を増やしていくことのメリット・デメリットについて考えてみよう。

参考文献

石原武政・矢作敏行編『日本の流通100年』有斐閣、2004年
中内　功『わが安売り哲学』千倉書房、2007年
藤岡里圭『百貨店の生成過程』有斐閣、2006年

次に読んでほしい本

石井淳蔵『中内　功』PHP、2017年
鹿島　茂『デパートを発明した夫婦』講談社現代新書、1991年
崔　相鐵・岸本徹也編『1からの流通システム』碩学舎、2018年

第3章

食品スーパーとコンビニエンス・ストア

1 はじめに
2 新鮮さを追求した関西スーパーマーケット
3 便利さを追求したセブン-イレブン・ジャパン
4 おわりに

1 はじめに

　かつて、ダイエー創業者の中内㓛は「売上げはすべてを癒す」と豪語し、大型店舗による拡大路線をひたすら追求した。その一方で、総合スーパーとはまったく違う発想で、新たな小売業態を日本に根づかせた企業が存在する。食品スーパーの革新的な仕組みを生みだした関西スーパーマーケットと、日本のコンビニエンス・ストア業界をリードしてきたセブン-イレブン・ジャパンである。

　店舗規模では総合スーパーと比べると小さいなかで、それらのお店が、いったいどのような強みを持っているのかをこの章では考える。そもそもコンビニエンス・ストアや食品スーパーは、われわれの生活にとても密接に関わっている。コンビニエンス・ストアに行かない日がどれくらいあるかを考えるとそれがよくわかるだろう。それは2018年（平成30年）6月には全国に5万5,320店あったのである（コンビニエンス・ストア統計調査月報2018年6月）。

　一方、食品スーパーはコンビニエンス・ストアのように大量の店舗を出店するわけではない。せいぜい限られた特定の地域に100店も出店していれば大きな経営規模である。しかも、コンビニエンス・ストアよりもお客さんが限定的である。少なくとも一人暮らしでもしていない限り、それほど頻繁に買い物に行くお店ではない。ところが、こちらも2018年（平成30年）には1万8,705店も全国にあったのである（百貨店が200店、総合スーパーが1,837店ということを考えると食品スーパーの多さはよくわかるだろう。食品スーパーと総合スーパーはスーパーマーケット統計調査事務局、百貨店は日本百貨店協会）。こちらもわれわれの生活には不可欠なのである。

　コンビニエンス・ストアは情報通信技術を駆使した迅速な商品補充が、食品スーパーは商品が売れ残らないようにするのが得意である。本章では、それらの業態が生まれてきた当時の日本市場の状況とあわせて、その競争力を考えよう。

2 新鮮さを追求した関西スーパーマーケット

❖ 日本の食卓と生鮮食品

　食品スーパーは、多くの人びとにとって最もなじみがあるお店の1つだろう。今の日本人の食卓にとって、食品スーパーでの買い物を抜きにした献立を考えることは、かなり難しいに違いない。

　それほどお世話になっている一方で、食品スーパーが「革新的な小売業だ」と聞くと違和感を覚えるかもしれない。同じくスーパーと呼ばれるお店であっても、前章で取り上げられたような総合スーパーと比べると、店舗規模は小さいし、ファッションや電化製品の売場もないからだ。1930年（昭和5年）にアメリカのニューヨーク州に開店した、世界初のスーパーマーケットといわれるキング・カレンも、1953年（昭和28年）に東京の青山に開店した、日本初のスーパーマーケットといわれる紀ノ国屋も、どちらも食料品の販売を中心としていた。その意味では、食品スーパーの歴史は、小売業態の中では古いほうだといえるだろう。しかし、その後の高度経済成長期に日本で小売業の主役に成長していったスーパーは、食料品だけでなく衣料品や日用雑貨品、電化製品など幅広い品揃えで大規模化した総合スーパーだった。逆に、食品スーパーはその存在感を弱めていった（図3－1）。

　ところが、当時の総合スーパーは、日本の食卓を支えるには力不足だった。それは、生鮮食品に対する日本市場の独特のニーズに起因する。

　よくいわれるように、日本人は食品の鮮度に対してきわめて敏感である。そして、生活の洋風化が進んだ高度経済成長期を経ても、依然として家庭における料理には野菜や魚など多くの生鮮食品が材料として用いられていた。だから、多くの主婦は、その日の献立に必要な食材を毎日、必要な分だけ購入する。アメリカほど自家用車の保有が進んでいなかった当時だと、自宅のすぐ近くにあるとは限らない大きな総合スーパーまで、そうした買い物に出かけるのは大変だ。そうなると、近所の商店街や小売市場などにある八百屋さんや魚屋さんを頼ることが多くなるわけである。

　それに加えて、生鮮食品は取扱いがとても難しい。同じ食品であっても、工場で

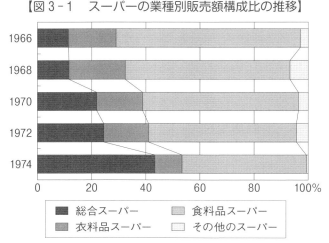

【図3-1 スーパーの業種別販売額構成比の推移】

出所：建野堅誠［1992］「わが国におけるスーパーの成長」『長崎県立大学論集』第25巻第3・4号、117頁。

　滅菌され袋詰めや缶詰にされる加工食品とは違い、生鮮食品は口にすることができる期間が短い。当然、鮮度が重要となる。このことが、セルフ・サービス方式で効率化を図るスーパーマーケットで生鮮食品を販売することの難しさをもたらすのである。

　例えば、野菜の場合、収穫された後はどんどん鮮度が落ちていく。卸売市場から店頭へ届いたばかりの午前中はまだみずみずしく見えても、多くの買い物客が来店する夕方には新鮮さが失われてくる。そんな見た目の悪い商品は手にとってもらえないから、適当に値段を下げて購買を促す必要がある。翌日に残すわけにはいかず、廃棄してしまう（＝廃棄ロスの発生）ことも避けたいから、閉店前にはかなり値下げし売り切ることになる（＝値下げロスの発生）。だからといって、売れ残りを恐れて少な目に商品を仕入れると、早々に品切れとなってしまい、来店したお客さんから得られたはずの売上げを逃してしまう（＝機会ロスの発生）という恐れもある。つまり、いかにして鮮度を保つかという商品取扱い技術や、どのような値段で売ればロスの発生を抑えつつ利益をあげることができるかという値決めの技術が、とても重要となるわけである。

　鮮魚や精肉の場合は、鮮度に加えて、客である家庭の主婦が自分で料理しやすい形まで調理してから提供することが必要となる。そのため、魚屋さんや肉屋さんでは、店員が客の注文どおりに、熟練した包丁さばきで魚を三枚におろしたり肉をス

ライスしたりする。しかし、そうしたやり方は、対面販売ではなくセルフ・サービス方式であるスーパーマーケットの売り場では難しい。

したがって、当時の総合スーパーでは、生鮮三品（野菜や果物といった青果物、鮮魚、精肉）の売場は、近隣の八百屋や魚屋、肉屋にテナントとして入店してもらうという方法をとっていた。ただ、そうしたお店の職人的な商売の仕方は、営業時間がきっちり設定され、すべての客に同質のサービスを提供するという、スーパーマーケットの企業経営的な側面とは合わないことが多かったという。また、そうしたお店の経営が家業的（＝家族の人間が店の経営を担う）であるという点は、多店舗展開を図るスーパーマーケットに入店するには制約となる。

❖ 革新的な「関スパ方式」

このような理由から、日本人の食卓には欠かせない重要な商品にもかかわらず、生鮮食品をうまく販売することはスーパーマーケットにとって高いハードルであった。そんな状況に挑み、生鮮食品の取り扱いを競争上の強みに転換させることに成功した革新的な企業は、小売業の主役となっていた総合スーパーではなく、兵庫県に本社を置く食品スーパー「関西スーパーマーケット」（以下、関西スーパーとする）だった。

同社でも、1959年（昭和34年）の創業時は、生鮮食品についてはテナント制

【写真3-1　関西スーパーマーケットの店舗写真】

写真提供：株式会社　関西スーパーマーケット

を採用していた。しかし、先ほど指摘したような問題に、やはり悩まされることとなる。生鮮食品が幅広い品揃えの1つにすぎない総合スーパーと比べて、食料品が中心的な商品となる食品スーパーの同社にとっては、なおさらこの生鮮食品販売の難しさが深刻なことであった。

　1967年（昭和42年）、業界団体の視察研修旅行でハワイのタイムズ・スーパーマーケットを訪れた北野祐次社長（当時）は、店内で生鮮食品を陳列・保存する冷蔵装置や、鮮度を落とさずセルフ販売するための商品包装の方法を見て、大きな衝撃を受けたという。そして、帰国後すぐに、それを自店で実践することを始めた。

　お手本は、アメリカにすでにある。しかし、それをそのまま日本の店頭に持ち込むわけにはいかなかった。例えば、冷蔵装置といっても、単に冷えればいいというものではない。アメリカでは、野菜といえば根菜やブロッコリーのような比較的長持ちする野菜が中心であるが、日本ではほうれん草やレタスのような葉菜類に代表される長持ちしない野菜が多い。精肉は、アメリカでは大きなブロック肉が売られているが、日本ではスライス肉が中心となる。鮮魚については、日本人の要求の高さはアメリカ人と比較にならない。それぞれの食材に合った冷やし方をしなければ、鮮度を保つことができないのである。

　北野社長たちは、日本の食卓にふだん出されているおかずの素材をちゃんと提供できる食品スーパー、そしてそれを職人頼みではなく社員やパートさんでも可能な方法で提供できる食品スーパーを目指して、独自にさまざまな革新を生み出す努力を続けた。

　まずは、日本の食卓で求められる青果物に合った、冷やすためではなく鮮度を維持するための機器としての「冷蔵オープンケース（来店客が商品を見たり手にしたりする側に扉がついていない、商品陳列用の棚やケース）」を独自に開発した。そのために、植物生理学の大学教授のアドバイスまで受けて、温度や湿度の管理の仕方を研究していった。また、鮮度を保ちつつセルフ販売しやすい形にするための切り方や、それをあらかじめ包装しておく「プリパッケージ」のための方法や資材（トレーやフィルム）の工夫を重ねた。これらの方法は、青果物だけでなく鮮魚や精肉の販売にも生かすことができた。

　食品の加工や包装といった人手のかかる作業は、単純に効率性だけを考えるなら、大きな工場で集中してベルトコンベア方式で行ったほうがよさそうに思える。しかし、関西スーパーではあくまで鮮度を優先させるため、来店客が購入する直前に各店舗の売り場の奥、バックヤードで生鮮食品の加工作業を行うインストア加工の実

【写真3-2　鮮魚の冷蔵オープンケースとインストア加工】

写真提供：株式会社関西スーパーマーケット

現を目指した。それをできるだけ効率的に行えるよう、作業の分業化やマニュアル化を図って、新入社員やパート店員でも短期間の研修でできるようにした。また、商品の搬入や加工、保管などの作業を効率的に進めることができるよう、店舗内レイアウトや機器・作業台の高さの見直しをしたり、床に段差のない冷蔵庫や押すだけで開く扉を設置したりするなど、工夫を重ねた。そうした一連の作業工程を、専用に設計したカートに食品を載せて運搬するという「カートコンベア方式」は、必要な従業員数の削減や欠品の防止、品質の向上などに大きく貢献した。

　これらの革新的な鮮度管理システムは「関スパ方式」と呼ばれ、全国の他のスーパーマーケット経営者たちがそのノウハウを学び、実践していった。現在のわれわれは、食品スーパーには野菜や鮮魚が並んだ冷蔵オープンケースがあること、それら生鮮食品がパックに入って売られていること、商品は売り場の奥（バックヤード）の加工場からカートに載せられて運び出されていること、などはあたりまえの光景として受けとめている。しかし、これらは、われわれが手軽に生鮮食品を購入できることを実現した、関西スーパーによる大きな革新の成果なのである。

　企業経営の観点からは、関スパ方式の革新性は2つの成果で評価することができる。まずは、「ロス率」の劇的な低下である。小売業においてロスとは、計画通りに商品が販売できていれば得られたであろう売上高と、実際に得られた売上高との差である。盗難などによる損失も含まれるが、ここで触れたいのは、売れ残り商品を出さないために売り値を下げることによって生まれる「値下げロス」や、期限切れで廃棄してしまう「廃棄ロス」である。関西スーパーでは、それまで10％ほど

あったロス率が、生鮮食品の鮮度管理システムが確立された以降は2％以下にまで低下したという。薄利多売が基本となる食品スーパーにとって、売上高に占めるロス率が10％なのか2％なのかという違いは、企業経営にどれだけ大きな影響を与えるか容易に想像できるだろう。いかに鮮度の高い商品を効率よく補充していくか、その課題の1つの解決策を出したのが関西スーパーだったのである。

　もう一点は、「標準化されたチェーンストア」の実現である。チェーンストア経営は、本店（仕入れの集中）と個店（販売のみ）による分業が不可欠である。さらに、同一の小売企業が複数の店舗を経営する場合、各店舗の大きさや構造、店内の設備などをできるだけ統一させることができれば、設計コストの節約や設備の一括購入による低コスト調達などが期待できる。品揃えや販売方法まで統一させれば、店員の教育も容易になる。そうした、店舗の標準化ということを実現することが、チェーンストア経営には求められるのである。しかし、ひたすら店舗数の拡大を続けていた総合スーパーでは、立地ごとに店舗規模や構造、品揃えなどが違っていることが多かった。バックヤードまで含めて標準化を行った関西スーパーは、本格的なチェーンストア経営を実現したと考えられる。

3　便利さを追求したセブン-イレブン・ジャパン

　関スパ方式が確立されたのは、1974年（昭和49年）11月に開店した大阪の高槻店あたりだったといわれる。ちょうど同じころ、東京ではもう1つの革新的な小売業態が生まれようとしていた。関西スーパーと同様に、鮮度とチェーン・オペレーションとを武器にする日本型コンビニエンス・ストア・システム（以下、コンビニとする）を構築していったセブン-イレブン・ジャパンである。東京・江東区の1号店が開店したのが、同年5月であった。

❖ 日本が求めたコンビニ

　コンビニは、すでにアメリカでは普及した小売業態だった。日本でも、コンビニを名乗る小売店は1970年（昭和45年）前後から現れ始めていた。しかし、セブン-イレブン・ジャパンは、アメリカとは違う日本の事情に合った独自のコンビニ

を追求し、現在のわれわれが利用しているコンビニの姿をつくりあげていった。

　日本の大手コンビニは、もともと総合スーパーが手がけたところが多い。セブン-イレブン・ジャパンはイトーヨーカ堂が、ローソンはダイエーがそれぞれ設立した会社であるし、ファミリーマートは西友が始めたミニ・スーパーが母体である。

　総合スーパーがコンビニの経営に乗り出したのは、このビジネスが会社の将来の成長を担うと考えられたからだ。ダイエーが三越の売上高を抜いて日本最大の小売業となったのが1972年（昭和47年）で、同じころに業態レベルでもスーパーが百貨店の総売上高を追い越し、名実ともに小売業の主役となっていた。その一方で、そうした総合スーパーの急成長が中小の小売店の存続を脅かす存在と考えられ、店舗規模や営業時間を制限する「大規模小売店舗法（大店法）」が1973年（昭和48年）に公布されたり、各地で総合スーパーの大型店舗出店に対する反対運動が起こったりするなど、経営環境は厳しさを増していたのである。

　コンビニは、総合スーパーでは提供できないような価値を日本の消費者に提供することによって、われわれの生活に欠かせない存在となっていった。その価値とは、ひとことでいえば名前に表れている「便利さ（コンビニエンス）」であり、より具体的には「立地」「時間」「品揃え」の便利さである。

　高度経済成長期を経て、日本人の生活環境はさまざまに変化をしていた。女性の社会進出や若者を中心とした嗜好の変化により、買い物が行われる時間帯が拡がったり、生活の合理化や簡便性が歓迎されるようになっていったりした。家庭の主婦をターゲットとした既存の小売店では、そうした新たな客層のニーズに対応することが難しくなっていた。

　コンビニが提供する立地の便利さとは、人びとの生活圏のあちこちに店舗があることである。時間の便利さとは、人びとの生活シーンでいつでもコンビニが営業していることである。まさに、利用したいときにすぐ立ち寄れるのが、コンビニの便利さだ。

　しかし、いくらいつでも利用できるといっても、そこに欲しいものが置いていないようなお店なら、誰も買い物をしないだろう。その意味で、コンビニが多くの客の支持を得ることができたのは、魅力的な商品を常に販売しているという、品揃えの便利さによるところが大きい。

　しかも、コンビニはそのことを小さな店舗で実現しなければならない。スーパーのような大きさの土地や建物の確保を前提としていては、人びとの生活圏のあちこちに出店することは難しい。実際に、日本の多くのコンビニ店舗は、それまで食料

品店や酒販店だったところを、オーナーがコンビニのフランチャイズ・チェーンに加盟する形で業態転換したところが多いので、売り場面積はそれほど広くない。そもそも、広い店なら多種多様な商品を並べておくことができるかもしれないが、買い物客の立場からすれば、セルフ・サービスの広い売り場を歩かされるのは、便利な買い物とはいいがたい。また、小さな店舗であればあるほど在庫をたくさん置いておくことはできないが、一方で商品は常に売れた分だけすぐに補充できるようにしておかなければならない。

　このような矛盾を解決し、便利さという価値を日本の消費者に提供するための、さまざまな革新を生んでいったのがセブン-イレブン・ジャパンであった。

❖❖ 情報と物流が実現する鮮度

　同社が店頭での魅力的な品揃えを実現させてきたポイントも、やはり「鮮度」である。といっても、食品スーパーとは違いコンビニでは生鮮食品は主力商品ではない。コンビニにおける鮮度とは、「今客が求めているもの」を欠品させずタイムリーに店頭に並べておくことである。

　ただし、コンビニの店舗面積はそれほど広くなく、そこで少しでも売り場面積を確保するために倉庫のスペースもできるだけ節約したい。つまり、売れるかどうかわからない商品まで、幅広く品揃えをすることは難しくなる。「売れ筋」の追求と「死に筋」の排除をいかに実現するか、ということがポイントとなるのである。

　では、どうするか。まず、セブン-イレブン・ジャパンがこれまで他社に先がけて磨き上げてきた、高度な情報通信システムの役割が重要となる（図3-2）。

　同社では、決済をする際に使われるPOSレジ（Column 3-1）をはじめ、店舗内で使われている発注や在庫管理用の専用端末がすべて、本部との間の通信ネットワークでつながっている。各店舗からは、「どんな客が、いつ、何を、何と一緒に買っていったのか」というデータが常に発信され、全国の店舗から集まるそうしたデータを本部で集約して「どんな条件のときに何が売れそうか」ということを分析するのである。

　そうした情報や本部からの提案などは、再び通信ネットワーク経由で各店舗のバックヤードにあるコンピュータに届けられたり、また実際に各店舗を定期的に訪れる店舗指導員を通じて店長やスタッフに伝えられる。店舗の発注担当者はそうした情報をもとに、自店が独自におかれている状況も考えながら、売れ筋の商品が店

第3章　食品スーパーとコンビニエンス・ストア

【図3-2　セブン-イレブンの情報通信システム】

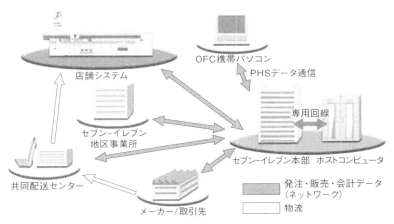

出所：セブン-イレブン・ジャパンHPより（URL: www.sej.co.jp/company/aboutsej/info_ol.html、2018年8月5日アクセス）

Column 3-1

POS

　POSとはpoint of saleの略で、「販売時点」と訳される。コンビニなどに設置されている「POSレジ」は、購入される商品の金額を自動的に精算するレジスターの機能に加えて、客の購買情報を収集する機器としての役割も備えている。

　コンビニにあるPOSレジには、(チェーンによって異なるが) 赤と青のボタンがいくつか並んだ部分がある。レジを打つ店員が、カウンターの向こうに立つ客を見て性別・年齢層を判断し、その該当するボタンを押すことで「どんな人が、いつ、何を、買っていったのか」という情報が入力されることになる。このボタンを押さないと、釣り銭をおさめたトレーが出てこないので、精算時には必ずこのボタンが押されることになる。コンビニで買い物をするとき、「自分は何歳くらいに見られているんだろう」と興味本位にレジをのぞきこんでみてはどうだろう…。

　最近は、コンビニでクレジット・カードやプリペイド式電子マネーのカードで買い物をする人も増えている。こうしたカードを使った場合、その客の過去の購買履歴や、場合によってはその人の年齢や居住地などの情報とも照合することができるから、POSレジの性別・年齢ボタンよりもさらに詳しく購買情報を入手・分析することが可能となる。

頭に並ぶよう発注するのである。

　とはいえ、そうした商品が実際にタイムリーに店頭の棚に並ばなければせっかくの情報を活かしたことにはならない。そこで重要となるのが、セブン-イレブン・ジャパンが構築してきた高度な物流システムである。ここでポイントとなるのは、「多頻度小口配送」と「ドミナント（集中）出店」である。

　われわれも街中で、セブン-イレブンの店舗の前にトラックが停まっているのをしばしば目にすることだろう。同社のトラックは全部で5種類ある。運搬する商品によって、保管する温度帯に違いがあるため荷物室の温度が異なり、また1日の販売量などの違いによって運搬頻度も異なるからである。各店舗が発注した商品を、適切なタイミングでこまめに届ける。これが、多頻度小口配送である（図3-3）。

　しかし、こまめな配送をすればするほど、トラックの大きさに比べて各店舗に一度に運搬する商品の量が少なくなり効率が悪くなる。そこでポイントとなるのが、ドミナント出店である。これは、一定範囲のエリアに店舗を集中して出店するやり方である。実際に同社では、未出店エリアに進出する際には同時に10店舗前後を展開する。こうすることで、たとえ1店舗ごとの発注数が少なくても、トラックが同時に複数の店舗を回って商品を配送すれば効率的になるからである。

　こうした仕組みによって、店舗に在庫を保管しておくスペースがなくても、来店

【図3-3　セブン-イレブンのトラック配送】

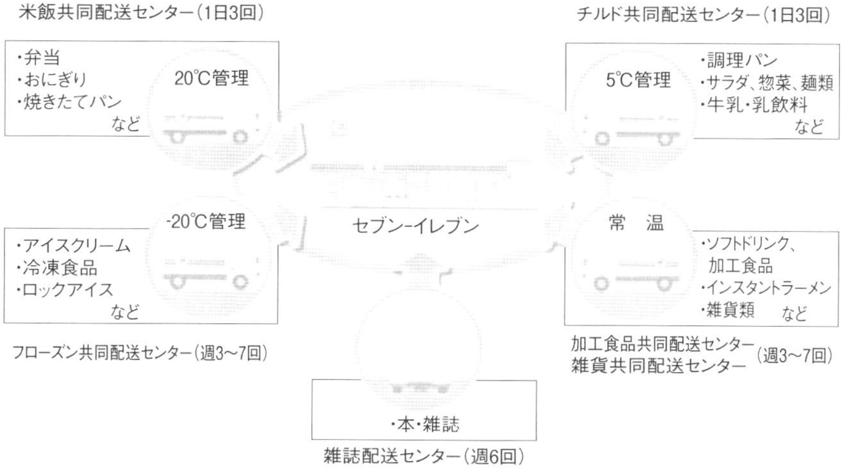

米飯共同配送センター（1日3回）
- 弁当
- おにぎり
- 焼きたてパン
など
20℃管理

チルド共同配送センター（1日3回）
- 調理パン
- サラダ、惣菜、麺類
- 牛乳・乳飲料
など
5℃管理

フローズン共同配送センター（週3～7回）
- アイスクリーム
- 冷凍食品
- ロックアイス
など
-20℃管理

加工食品共同配送センター
雑貨共同配送センター（週3～7回）
- ソフトドリンク、加工食品
- インスタントラーメン
- 雑貨類
など
常温

セブン-イレブン

雑誌配送センター（週6回）
- 本・雑誌

出所：セブン-イレブン・ジャパンHPより（URL: www.sej.co.jp/company/aboutsej/distribution.html、2018年8月5日アクセス）

第3章　食品スーパーとコンビニエンス・ストア

【図3-4　セブン-イレブンの年度別在庫・荒利益・日販】

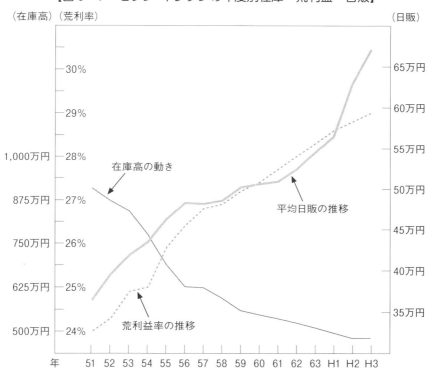

年度 項目	51年 ('76)	52年 ('77)	53年 ('78)	54年 ('79)	55年 ('80)	56年 ('81)	57年 ('82)	58年 ('83)	59年 ('84)	60年 ('85)	61年 ('86)	62年 ('87)	63年 ('88)	H1年 ('89)	H2年 ('90)	H3年 ('91)
期末総平均1店当たり在庫高(千円)	9090	8730	8430	7740	6890	6260	6230	5940	5590	5470	5360	5240	5100	4950	4800	4800
平均荒利益率	24.0	24.3	24.9	25.0	25.9	26.4	26.8	26.9	27.2	27.4	27.7	28.0	28.3	28.6	28.8	29.0
全店平均1店当たり日販(千円)	365	396	419	435	463	483	482	486	502	506	509	524	545	565	629	670

出所：国友隆一・高田敏弘［1992］『イトーヨーカ堂グループ　高収益業革のすすめ方』こう書房、43頁

客がいつでも欲しいものを買える便利な状況が実現される。同時にそれは、企業経営の観点からも好ましい成果となる。図3-4が示すセブン-イレブン創業から約20年間のデータを見ると、期末の在庫高が少なくなる、すなわち売れるかどうか

わからない（＝鮮度が低い）在庫商品が少なくなるにつれて、売上げも利益も向上していったことがわかるだろう。

　高度に整備された情報通信システムと物流システムによって、本部と各店舗とがそれぞれの役割を果たすチェーン・オペレーションが、セブン-イレブン・ジャパンの競争上の強みになっているのである。

4　おわりに

　食品スーパーもコンビニも、業態としてはすでにアメリカにあった。しかし、小売業は消費者とじかに接するビジネスであるだけに、展開する市場の状況に合った仕組みを整えることが重要となる。関西スーパーとセブン-イレブン・ジャパンは、日本独自の食品スーパーとコンビニを、さまざまな革新を重ねることによって構築していったのである。

　両社に共通するのは、まず商品ロスを徹底的に排除することを目指した点だろう。鮮度管理が難しい生鮮食品を扱いながら、その値下げロス・廃棄ロスの劇的な低下を実現した関西スーパー。売り場に制約があるコンビニで、売れる商品だけをきちんと店頭に並べて客に提供する（＝機会ロスの排除）ことを追求するセブン-イレブン・ジャパン。効率と鮮度という相反する問題を、それぞれの革新によって乗り越えたのである。ともに消費者が欲しい商品を欲しい時に、鮮度の高い状態で効率的に店頭に補充し続けるというシステムをつくり上げたからこそ、日本の小売業態の１つとして根付けたのである。鮮度の高い商品が欲しい時に店頭に並んでいることが当たり前に感じられる背景には、このような企業の革新があったことを理解する必要がある。

　また、両社とも小売業者でありながら、みずから「商品づくり」まで手がけることで魅力的な店舗を実現している。関西スーパーは、野菜や魚、肉をそのまま販売するのではなく、鮮度が高いまま個別に包装することで商品としての価値をインストアで創り出す。セブン-イレブン・ジャパンでは、情報通信システムを用いて得た来店客の購買データを、新商品開発にも活用している。店頭の既存商品では消費者のニーズを満たせていないのではないか、ということを示唆するデータがある場合に、新商品の企画をメーカーに提案したり、あるいはみずからプライベート・ブ

第3章　食品スーパーとコンビニエンス・ストア

> **Column 3-2**
>
> ### 移動スーパー「とくし丸」
>
> 　日常生活品の買い物の場として欠かせなくなった食品スーパー。しかし小売業の競争激化によって、利益の見込めない地域は小売業の空白地帯となり、さらには少子高齢化に伴い買い物難民と呼ばれる消費者が増加している。その数は経済産業省の平成26年度の調査で約700万人とされ、さらに増加するとされている。
>
> 　そのようななかで2012年（平成24年）に徳島で設立された「とくし丸」は従来のビジネスモデルでは利益を出すことが難しかった移動スーパー事業で拡大を続けている。そのビジネスモデルは、まず個人事業主である「販売パートナー」が軽トラックを自費で準備する。「とくし丸本社」は商品構成や販売のノウハウを提供し、「地域スーパー」と提携を行う。販売パートナーは提携した地域スーパーから商品を調達し、移動販売を行う。販売によって発生した粗利益を3者で配分する。なお、売れ残った商品は地域スーパーが引き取るようになっている。この結果、販売パートナーは低リスクで開業ができ、地域スーパーは多額の投資などリスクを取らず新規顧客を獲得し売り上げを増加できる。さらに顧客との強い関係性を作ることで売れ筋商品を絞れ、廃棄ロスを低下することもできるようになり、効率的な商品補充が可能となる。もちろんこれまで買い物に苦労していた高齢者も楽しく買い物ができるようになり、それぞれがWIN-WIN（敗者のないハッピーな関係性）になるようにしている。
>
> 　さらには地域の見守り・安否確認の役割を担うなどの生活インフラとしても機能し、これからの流通の新しい在り方としても期待されている。つまり、成熟した日本社会の新たな流通の動きとして高齢者に対応した「効率性」と「社会性」を両立した新たな可能性を秘めたビジネスモデルなのである。

ランド商品（小売企業が開発した仕様でメーカーに生産を発注する商品。PBという）として具体化したりするのである。単に商品を仕入れてきて再販売する、という小売業のイメージは、両社にはあてはまらない。

　そしてもう1点、いまださらなる革新を生み出す努力を続けていることも、両社の共通点としてあげておこう。食品スーパーもコンビニも、すでにでき上がってしまった過去の業態などでは、決してないのである。例えば、コンビニでは、ATMサービスや公共料金などの払込み、宅配サービスなど、コンビニが誕生した時にはなかったようなサービスが次々に追加され、さらなる「便利さ（コンビニエンス）」

❖

を追求し続けている。食品スーパーも時代の変化とともに、中食の充実やネット注文に力を入れる企業も増えてきている。近年ではこれまで収益性に課題があった移動スーパー（Column 3-2）にも注目が集まっており、今後の展開が楽しみである。

❓ 考えてみよう

1. 食品スーパーにおいて発生する商品ロスとは、具体的にはどのようなものなのか。実例をあげながら考えて整理してみよう。同様にコンビニにおいて発生する商品ロスとは、具体的にはどのようなものなのか。実例をあげながら考えてみよう。
2. 関西スーパーマーケットのホームページで、店舗のエリアマップを調べてみよう。店舗の数や立地の範囲などから、同社の戦略について考えてみよう。
3. セブン-イレブン・ジャパンのホームページで、店舗一覧を調べてみよう。店舗の数や立地の範囲などから、同社の戦略について考えてみよう。

参考文献

川辺信雄『セブン-イレブンの経営史：日本型情報企業への挑戦』（新版）、有斐閣、2003年

嶋口充輝・竹内弘高・片平秀貴・石井淳蔵編『営業・流通革新』有斐閣、1998年

森川英正・由井常彦編『国際比較・国際関係の経営史』名古屋大学出版会、1997年

次に読んでほしい本

安土　敏『日本スーパーマーケット創論』商業界、2006年

矢作敏行『コンビニエンス・ストア・システムの革新性』日本経済新聞社、1994年

第4章

ディスカウント・ストアとSPA

1　はじめに
2　ディスカウント・ストア
3　SPA
4　おわりに

1 はじめに

「えっ、こんなものまでが100円なの！」、「高機能な素材を使った商品が、こんなお手ごろな価格で！」——そう、これらが、100円ショップのダイソーや、ユニクロなどの店舗を訪れたときに感じる醍醐味であろう。前者のダイソーはディスカウント・ストアという小売業態であり、後者のユニクロは、SPA（製造小売業）という業態である。この２社は、実は、それぞれの業態の中で、新しい仕組みをつくり上げ、急成長を遂げてきた企業なのである。なお、小売業態の詳しい理論は第６章で学ぶが、ここでは、業態のことを売り方や仕入れの仕方の違いという程度に考えておこう。

では、そもそもディスカウント・ストアやSPAとは、一体どのような業態で、どのような背景で成長してきたのだろうか。あるいは、これらの業態の中で、ダイソーやユニクロは、どのような企業で、どんな仕組みに基づいて事業を行っているのだろうか。本章を通じて、明らかにしていくのは、このような点である。

以下、最初に、ディスカウント・ストアの概要について確認し、それからダイソーの仕組みを考察する。次に、SPAの概要について確認してから、ユニクロの仕組みを考察する。最後に、２つの業態の特徴について整理を行い、本章のまとめにしよう。

2 ディスカウント・ストア

ディスカウント・ストアとは、まさに名前のとおり割引（ディスカウント）販売や、安売り販売を常に実施している低価格を訴求する小売業態である。総合スーパーや食品スーパーにおいても低価格販売が行われることがあるが、特定の商品や特定の期間に限られたものである場合が多い。これに対しディスカウント・ストアは、常に低価格を志向し、継続的に低価格販売を実施している点が特徴である。

こうしたディスカウント・ストアは、品揃えや価格政策の違いによって、総合

ディスカウント・ストアや、専門ディスカウント・ストア、均一価格店などいくつかのタイプに分けることができる。

まず、総合ディスカウント・ストアとは、食品から、日用雑貨、薬品まで、幅広い品揃えで展開するものである。ドン・キホーテ、ミスターマックス、ロヂャースなどが代表的である。

専門ディスカウント・ストアとは、家電や薬、酒、靴、玩具など、ある特定のカテゴリーに特化し、専門的な深い品揃えを展開するものである。家電量販店において、割引価格を表示のうえ、さらに「他店の価格よりお安くします」という告知をみたことがあるだろう。総合スーパーや総合ディスカウント・ストアなどの幅広い品揃えの店舗に対抗し、特定のカテゴリーにおいて圧倒的に深い商品構成と低価格で攻撃をしかけるのである。そのため、カテゴリー・キラーとよばれることもある。代表的なものとしては、ヤマダ電機、ヨドバシカメラ、ビックカメラなどの家電量販店、マツモトキヨシなどのドラッグストア、トイザらスなどの玩具量販店などがある。

最後に、均一価格店とは、本章で扱うダイソーをはじめ、セリアやキャンドゥなどの、いわゆる100円ショップ、300円均一のスリーコインズなど、同一価格で幅広い品揃えを展開するものである。

❖ ディスカウント・ストアの仕組み

ディスカウント・ストアは、継続的な低価格販売が可能になるよう、仕入れや販売に独自の仕組みをもつ。以前は、メーカーのアウトレットや現金問屋など、正規ルート以外から商品を仕入れることで低価格を実現している企業が多かった。しかし近年では、これから取り上げるダイソーのように、圧倒的な販売力を背景にメーカーと直接、商品の共同開発を進め、仕入れ価格を抑えている企業も増えている。つまり、大量販売・大量仕入による「規模の経済（Column 4 - 1）」を活かした商品調達を行うことによって、継続的な低価格販売を実現しているのである。さらには、セルフ販売方式やチェーン・オペレーションなどによって、ローコスト・オペレーションも実現されている（図4-1）。

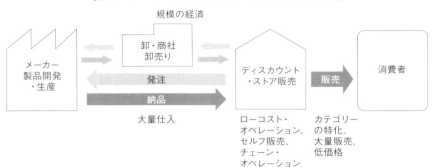

【図4-1 ディスカウント・ストアの仕組み】

ダイソーの概要と歴史

　ダイソー（大創産業）は、現在（2017年3月期）、売上4,200億円、店舗数国内3,150店舗、海外1,800店舗を展開している。1972年（昭和47年）の創業当時は、総合スーパーの店舗の軒先での移動販売からのスタートであった。スーパーの店頭を賑やかにする一時的な集客装置として機能していたのである。品揃えは日用雑貨中心で、価格も100円の均一価格ではなかった。

　こうした中、ある日、開店準備が遅れてしまい、手間を省くために矢野博丈社長（当時）が思わず発した「全部100円でいい！」という言葉をきっかけに、同社は

【写真4-1　ダイソーの店舗】

Tooykrub/Shutterstock.com

第 4 章　ディスカウント・ストアとSPA

100円均一での販売を開始する。しかし、当時扱っていた商品は品質があまり良くなかった。ある時、来店客が「安物買いの銭失いね」とつぶやくのに衝撃を受けた矢野社長は、その後、商品内容を見直し、ほとんど利益のないくらいまで商品の利幅を大胆に小さくして、品質を大きく向上させたのである。その結果、100円ではとても買えそうにない商品を品揃えすることができるようになった。

　こうした品質のよい商品が顧客の評判をよび、売上を大きく向上させた。その結果、商品の仕入量も増え、なんと卸売業者も価格を下げてきた。利幅の考え方を変えたことが、売上も利益も上げるきっかけとなったのである。

　その後、1980年（昭和60年）前後には、イズミヤやニチイ（現在はイオンリテールに吸収）など大手の総合スーパーの軒先を借りて行う移動販売が本格化していった。当時のダイソーは、通りすがりの客に衝動買いしてもらうためには、飽きられにくい、移動販売が最適であるという方針をとっていた。

　その後、1990年（平成2年）、スーパーの営業時間が20時とか21時に延長されたことが、新たな転換を促した。移動店舗では、18時半になると来店客がなくても、スーパーが開いている以上、店舗を閉められなかったのである。そのため、スーパーの軒先での営業は非効率になっていった。その結果、1991年（平成3年）から固定店舗を増やすことに方針が転換され、1995年（平成7年）にはすべての店舗が固定店舗となった。この結果、陳列スペースの拡大も可能となり、品揃えの幅も広げることができた。そして、消費者に飽きられないために、100円で販売することができる、ありとあらゆる商品が品揃えされていった。

　こうした中、メーカーが取り扱う商品だけでは足りなくなり、メーカーとのPBあるいは共同開発が進んでいったものと考えられる。現在では、幅広いカテゴリーにおいてPB・共同開発商品が販売されている。加えて、新たな品揃えの拡張のために、100円以外の価格帯の商品展開も行われている。

　同時に、店舗の大型化や、ショッピングセンター内、ロードサイド、商店街などのさまざまな立地での出店も進んでいった。現在では、毎月約10店舗の新規出店をしており、2001年（平成13年）の台湾を皮切りに、アジア、北米、中南米、さらには中東と、積極的に海外へも進出している。ダイソーの事業は、急速にその規模を拡大している。

❖ ダイソーの仕組み

　ダイソーの店舗を、矢野社長は「喜びを買ってもらう遊園地のような店（『日経ベンチャー』1999年4月号）」と表現する。このコンセプトに基づき、次のような仕組みがつくられている（図4-2）。

　第1に、消費者にみつける喜びを与える仕組みである。売り場に何があるかわからないという驚きを提供することによって、消費者がダイソーでの買い物に飽きてしまうことを避けているのである。そのために、約7万点の多品種の商品が展開されており、毎月500から700種類の新商品が導入されている。

　第2に、圧倒的な大量仕入の仕組みである。ダイソーは、100万個単位で商品を発注することもあるという。そのため、圧倒的な規模の経済（利益）が獲得できるのである。こうして同社は、常識的な価格水準を下回る価格を実現し、そのギャップによる驚きを消費者に提供することが可能となっている。

　第3に、共同開発の仕組みである。ダイソーの品揃えの99％は、メーカーとの共同開発による独自製品である。100円という販売価格を前提に、メーカーと共同開発を行っている。矢野社長は、100円でどのように開発するかということを考えることが、新しいアイデアを生む源泉と説明する。また、この価格ゆえに、消費者は安心して、たくさんの商品を購入することができる。

　第4に、徹底したローコスト・オペレーションの仕組みである。商品のほとんどが100円であるため、値札付けが発生しない。常時、100円という低価格で販売しているためチラシも必要としない。通常の小売店舗では日常的に発生するこれらのコストがないことが、さらなるローコスト・オペレーションを可能としている。

【図4-2　ダイソーの仕組み】

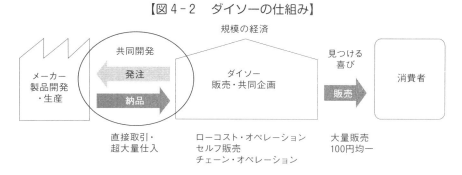

Column 4-1

規模の経済、経験効果

「規模の経済」とは、生産規模を大きくすることによって、製品単位当たりの生産費用が逓減し、効率性や有効性が高まることである。「量産効果」や「数量効果」とも呼ばれ、いわゆる、大量生産・大量販売の根拠となっている論理である。

メーカーは、より大きな工場や、複数の工場を抱えてきた。そして、小売業は、店舗の大きさや店舗数の拡大をしてきた。小売の仕入量、つまりメーカーの生産量を増加することにより、メーカーは設備などの固定費や、共通の専門的プロセスの費用を大量の製品で分配することで、生産費用を下げることが可能となる。つまり、生産量が増えると、平均生産費用は逓減していくのである（図4-3）。

【図4-3 規模の経済性】

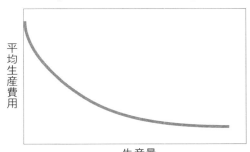

一方、「経験効果」は、ある製品の「累積」生産量が増加すれば、製品単位当たりの費用が逓減することである。生産現場の従業員が、特定の生産業務に習熟していく中で、さまざまな改善を積み重ね生産費用が下がっていくためである。そのため、「学習効果」ともよばれる。

さらに、こうした人的な要因だけではなく、生産設備や、生産プロセスの改善も、経験効果をもたらす要因となる。生産が積み重ねられていく中で、生産設備や生産プロセスが、より効率的なものへと変更されたり、部品や原材料が、より安価なものへと置き換えられるためである（図4-4）。

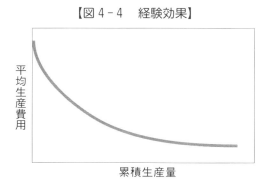

【図4-4　経験効果】

なお、これらの規模の経済や経験効果は、生産面にとどまらず、さまざまな企業活動においてみられる特性といえる。

3 SPA

　次にSPAについてみていこう。SPA（Speciality store retailer of Private label Apparel：独自レーベル衣服の小売店）とは、製造小売業のことであり、小売から開発、生産までを垂直統合し、同一企業が行う業態のことである。主にファッション業界において、このような仕組みをもつ企業に対して使われる。ただし、SPAでは生産管理までは行っていても、実際の生産まで自社で行っている企業は少ない。また、近年は、ファッション業界以外の小売業やメーカーが、新たに、小売から開発、生産まで一貫した事業に進出する場合にも、SPAとよばれることがあり、その意味するところは広がってきている。

　代表的なSPAには、小売から開発機能を備えていったユニクロ、アパレル・メーカーから小売まで統合したワールド、縫製メーカーから小売まで統合したZARA（ザラ）などがある。

　こうしたSPAが生まれたのは、1980年代（昭和55年頃）の米国において、台頭するディスカウント・ストアへの対抗がきっかけである。そのために、生産から販売に至るまでの流通に関係する各企業が協力し、取引費用の削減や、POS情報に基づいた補充や製品開発を行うというサプライチェーン・マネジメントが志向さ

【図4-5　ファッション業界の伝統的な分業の仕組み】

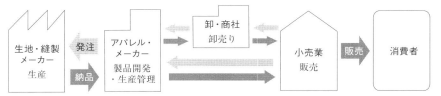

販売と生産情報の分離、各段階での売れ残り在庫の発生・売れ筋商品の欠品

れてきたのである。だが、企業同士での連携では、各社が自社の利益を優先するので、どうしても限界があった。そこで、単独で、サプライチェーン全体をコントロールしようとする企業が誕生してきた。それがSPAである。アメリカのGAP（ギャップ）が、1986年（昭和61年）の株主総会で自社をSPAと宣言したのがその始まりである。

このアメリカのSPAを模倣しつつ、成長してきたのが日本のSPAである。日本のファッション業界の流通においても、市場の成熟化に伴い、流通の各段階での過剰在庫が問題となっていた。日本のファッション業界は、「生地・縫製メーカー」、「アパレル・メーカー」、「卸あるいは商社」、「小売業」と多段階に仕事が分解されており、販売と生産との情報が分離され、それぞれの段階で売れ残り在庫の発生と売れ筋商品の欠品という問題が生まれていたのである。そのため、流通の各段階の企業において商品回転率（Column 4-2）も低くなり、それぞれ収益が悪化してしまっていた（図4-5）。

❖ SPAの仕組み

これに対し、SPAでは、店頭のPOS情報による需要予測と、生地・縫製メーカーでの生産情報、各段階の在庫情報に基づいて、需給調整（需要と供給の調整）が行われる。売れ筋商品を欠品しないように素早く生産し、売れ残りしそうなものの生産を素早く減らし、あるいは、場合によっては生産中止や、値下げ販売が行われる。そのため、販売予測が大きくても、一度に大量生産するのではなく、発注頻度を多くすることで1回当たりの生産量を抑え、販売状況に応じて発注される。つまり、サプライチェーン全体の商品回転率を向上させ、「スピードの経済（Column 4-2参照）」を実現しているのである（図4-6）。

【図4-6　SPAの仕組み】

スピードの経済

発注／納品　生地・縫製メーカー　生産　　SPA：メーカー機能(本部) 製品開発・生産管理・需給調整／小売機能(店舗) 販売　　販売　消費者

生産情報　　垂直統合 チェーン・オペレーション　　POS情報

❖ ユニクロの概要と歴史

　ユニクロは、現在、国内8,107億円、海外7,081億円の売上をあげ、国内831店舗、海外1,089店舗（2017年（平成29年）8月末現在）を有している。ユニクロとは、「ユニーク・クロージング・ウエアハウス」が略されたものであり、これには、ユニクロを展開するファーストリテイリング社の柳井正社長によれば「いつでも選べる巨大な倉庫」という意味が込められている。

　1984年（昭和59年）広島にユニクロ1号店はオープンした。10代をターゲットとして、メーカーの余剰在庫などから安く仕入れた商品を低価格で販売し、売上は好調であった。だが、家賃が高く利益の面では、決して成功とはいえなかった。

　翌年オープンした下関の郊外店が、その後のユニクロ成長のきっかけをつくった。郊外店は投資コストが低く、車で来店する家族客が見込め、繁華街に比べ出店余地も残されている。柳井社長は、郊外店のほうが、これから成長の可能性があると感じたという。こうして、郊外型で、ノンエイジ、ノンセックスをターゲットとしたベイシック・カジュアルというユニクロの原型が生まれた。

　さらに、1986年（昭和61年）、柳井社長が香港を訪問した際には、当時グローバルに躍進しつつあったSPA企業との出会いがあった。そこで学んだことから、通常の小売からSPAへと大きく事業転換が行われ、同時に、グローバルに生産販売を行うという今日の構想が生まれたのである。その後、ユニクロの出店は加速していくことになる。

　だが、順調に推移していた事業に、1996年頃（平成8年頃）に大きな問題が発生する。販売と生産情報の乖離により、売れ残り在庫の値下げ販売による「値下げロス」と売れ筋商品の欠品による「機会ロス」が起こり、既存店売上が、連続前年

第4章 ディスカウント・ストアとSPA

> Column 4-2

商品回転率、スピードの経済

「商品回転率」は、在庫に対して商品が効率的に販売できているかどうかをみる指標である。その計算方法は、売上高を平均商品在庫高で割ったものとなる。

【表4-1 商品回転率】

```
商品回転率 ＝ 売上高 ÷ 平均商品在庫高
 (例)  年間売上高  2,800万円  平均商品在庫高  400万円
  ⇒  商品回転率  7回  (約1.7ヶ月に1回、商品が入れ替わる)
```

この商品回転率が高い場合は、在庫管理が効率的にできており、逆に低い場合は、効率的にできていないことを表す。数式上、在庫が少ないほど商品回転率が高くなることになるが、闇雲に在庫を減らすと売上も減ってしまう。重要なのは、SPAで実施されているように、POS情報などで需要を適確に捉えたうえで生産を調整し、売上の拡大を、できるだけ少ない在庫で実現することである。

「スピードの経済」とは、この商品回転率をはじめ、情報獲得のスピード、商品開発やサービスのスピードを上げることによって、組織の効率性や有効性を高めようとする論理である。このスピードの経済を実現することによって、顧客価値や投資効率を向上させ、売れ残りロスを削減することが可能となる。

【写真4-2 ユニクロの店舗】

kuponjabah/Shutterstock.com

割れとなったのである。そのため、柳井社長が「『作ったものをいかに売り切るか』から『売れるものをいかに速く作るか』への転換（『日経ビジネス』2000年1月17日号）」と説明するABC（オール・ベター・チェンジ）推進という改革が実施された。従来、販売予測に基づき、シーズン前に生産を終えて売り切っていたのが改められ、販売予測は外れるという前提で、売れ行きに応じて生産する仕組みへと転換された。これを実現するため、中国の委託先工場の中から優秀な工場に絞り込み、連携を強化した。

こうした中、1998年（平成10年）秋に都心の原宿に出店することが決まった。東京の若者にとって無名のユニクロをいかに売り込むかが議論され、自信のある商品を集中して売るフォーカス戦略が構想された。それまでは多くの種類の商品が陳列されていたため、必ずしも売りたいものが明確ではなく、必要なサイズや色が欠品していることも多かったのである。

この構想のもとフリースだけで店内が埋め尽くされた原宿店は大成功をおさめ、ユニクロが広く注目されるきっかけとなった。同様の戦略を採用した既存店の売上も復活していった。この戦略は、消費者がほしい商品にフォーカスし、売場で大々的に色・サイズを陳列し、消費者の購買意欲を刺激するというものであった。同時に欠品も少ないため、飛躍的に売上が向上していった。その結果、生地や縫製コストも下がり、それが売上の向上に繋がるという好循環を引き起こした。1999年（平成11）には、フリースが800万着売られた。このフォーカス戦略は、ほかの商品でも展開された。これに大手スーパーもフリースで追従したが、1桁少ない販売量であったという。

だが、2002年（平成14年）には、フリースブームも終焉し、ユニクロの国内事業は減収となった。その後、同社は品揃えのあり方を大きく変化させていった。ヒートテック（2003年（平成15年）〜）、ブラトップ（2008年（平成20年）〜）、ウルトラライトダウン（2009年（平成21年）〜）といった、大手合成繊維メーカー・東レと共同開発した機能素材を軸とした製品がヒット商品となった。また、ベイシック・カジュアルを基本として押さえつつ、ファッション性の高い商品の導入も行われていった。

一方、海外進出は、2001年（平成13年）の英国ロンドン出店から始まり、その後、中国、米国、香港、韓国へと広がり、現在では、日本国内よりも海外の店舗数のほうが多くなっている。

第4章　ディスカウント・ストアとSPA

❖ ユニクロの仕組み

　ユニクロのコンセプトは、「着心地が本当に良く、高品質でファッション性があり、誰にでも手が届くお手ごろな価格の究極の普段着」と説明される（ファーストリテイリング社「2017アニュアルレポート」）。このコンセプトに基づき次のような仕組みがつくられている（図4-7参照）。

　第1に、POS情報を元にした需給調整の仕組みである。商品はいつでも着られるように、つまり、機会ロスを発生しないように、販売状況をみて追加生産される。同時に、値下げロスが発生しないように売価変更のタイミングを調整し、在庫水準がコントロールされる。これは、SPAの最も根幹的な仕組みで、スピードの経済による効果である。

　第2に、圧倒的な大量仕入の仕組みである。手ごろな価格で提供できるように、単にスピードの経済だけでなく、同時に規模の経済も追求されている。ヒット商品「ヒートテック」になると、年間の販売数が約1億着にもなることがある。このような巨大な販売力を背景に、商品によっては100万枚単位で仕入れが行われるため、規模の経済が大きく働くことになる。

　第3に、高品質商品の生産の仕組みである。2017年（平成29年）に公開された情報によると、ユニクロが生産を委託する主要な工場は、中国を中心に7カ国146工場にも及ぶ。ユニクロは、こうした世界各地の委託先を長期間付き合うビジネス・パートナーと捉え、上海、ホーチミン、ダッカなどに置かれた生産事務所がフォローを行っている。ここには、ユニクロの生産チームや「匠チーム」が数百名常駐する。「匠チーム」とは、繊維産業で豊富な経験をもつ技術者集団であり、紡績、編み立て、織布、染色、縫製、仕上げ、出荷までの工場管理全般にわたる

【図4-7　ユニクロの仕組み】

「匠の技」を取引メーカーに伝授することが、その役割である。毎週委託先の工場に出向く生産チームや、「匠チーム」による技術サポートによって、高い品質が維持されると共に、経験効果（**Column 4-1 参照**）による生産費用の低下も生まれていると考えられる。

　第4に、グローバルな開発の仕組みである。東京、ニューヨーク、ロンドン、パリ、上海など、世界各地にR&Dセンターが設置され、商品開発が行われている。そこでは、各都市の市場、グループ企業の店頭や取引先などから、世界的なトレンド、ニーズ、ライフスタイル、素材などの最新情報が収集されている。こうした情報をもとに、シーズンごとのコンセプトが決定され、各国のマーケットに合わせた商品開発が行われている。

4　おわりに

　以上、本章では、ディスカウント・ストアおよびSPAの概要と、それぞれを代表する企業として、ダイソーとユニクロの仕組みを考察してきた。

　ディスカウント・ストアであれば、独自の仕組みにより継続的に低価格販売を実施できることが、SPAであれば売れ筋商品を効率よく販売できることが、業態としての強みであることが明らかとなった。一方、ダイソーとユニクロには共通する点もある。ダイソーであれば移動販売、ユニクロであれば一般的な小売業を出発点としながら、事業規模を拡大していく中で、流通の川上にある、生産の部分にも大きな影響力をもつようになったことである。この結果として、ダイソーは「えっ、こんなものまでが100円なの！」、ユニクロは「高機能な素材を使った商品が、こんなお手ごろな価格で！」と、消費者に驚きを与えることができるのである。

　さらには、絶えず既存の仕組みを見直しつつ、なお新しい展開を続けている点でも、両社は共通している。新しい動きと、それぞれの業態の一般的特徴を照らし合わせてみることが、新しい仕組みの理解につながる。両社をはじめ、面白そうに感じる店舗を訪れ新しい動きを感じて、その背景にある仕組みについて思いを巡らせてみてはどうだろうか。

第4章　ディスカウント・ストアとSPA

❓考えてみよう

1．近年、ダイソーでは100円以上の価格の商品も品揃えに加えている。このことを、あなたはどう評価しますか。その理由と共に考えてみよう。
2．かつて、「ユニバレ」（ユニクロの服を着ていることがわかってしまうこと）という言葉があったように、ユニクロのブランドイメージは必ずしもよいものではなかった。同社がそれをどう克服してきたのかについて調べてみて、なぜそうだったのか考えてみよう。
3．独自性のある販売方法や商品展開をしている小売店を1つ思い描いてみよう。その仕組みの革新性について、整理して考えてみよう。

参考文献

大下英治『百円の男　ダイソー矢野博丈』さくら舎、2017年
加護野忠男『「競争優位」のシステム：事業戦略の静かな革命』PHP新書、1999年
月泉　博『ユニクロ　世界一をつかむ経営』日経ビジネス人文庫、2015年

次に読んでほしい本

加護野忠男・山田幸三編『日本のビジネスシステム：その原理と革新』有斐閣、2016年
崔　相鐵・岸本徹也編『1からの流通システム』碩学舎、2018年
柳井　正『柳井正の希望を持とう』朝日新書、2011年

第5章

商店街と
ショッピングセンター

1　はじめに
2　自然発生型商業集積としての商店街
3　管理型商業集積としてのショッピングセンター
4　おわりに

1　はじめに

　友だちとどこかへ遊びに行くときのことを考えてみよう。都市中心部の繁華街に行く時もあれば、郊外のショッピングセンター（以下、SC）などの商業施設に行く時もあるだろう。どちらが良いかは、好みや時と場合によって変わると思われるが、両者には複数のお店が集まっている「商業集積」という共通点がある。

　われわれがどこかへ遊びに出る際、多くの人は個々の店をはっきり思い浮かべるより、例えば、「原宿に行く」などのようにざっくりとしたエリアを思い浮かべるほうが多いのである。つまりわれわれは、エリアといった複数店舗が集合した集積単位で行き先の選択をしているのだ。

　そのように考えたとき、なぜ商店は集まっているのかという疑問が湧いてくる。また集まった商店はどのようにして集積としてのまとまりをもつのだろう。商業集積という共通点をもちながらも、商店街とSCはまとまり方が大きく異なるのだ。何がこれだけの違いを生み出しているか、本章はそれらを明らかにすることが目的である。そこで以下では、商店街とSCそれぞれの成り立ちとまとまり方の特徴をみていくことにしよう。

2　自然発生型商業集積としての商店街

❖ 商店街の成り立ち

　おそらく、商店街を知らない人はいないだろう。それくらい、商店街はわれわれにとって身近なものということができる。では、商店街はどのようにして成立し消費者とどのように向き合うのだろう。すべての商店街は公共空間としての道路（街路）に沿って店舗が並んでいる。これらは計画的につくられたというより、長い歴史の中で自然発生的に形成されたものである。例えば、神社仏閣が集客施設となっ

【写真5-1　近隣・地域型商店街（左）と広域・超広域型商店街（右）】

istock.com/Nirad　　　　　　　istock.com/apilarinos

て、その参道に出店したり、多くの人が通る街道沿いの宿場で形成されたりする。

　つまり「人が集まるところ」に成り立つということだ。そこに商機を見出した商業者たちが集まることで顧客獲得を競い合いながら、同時に賑わいが生まれることで、さらに多くの人をひきつける（図5-1）。このように、商店街は集積内で顧客誘引を相互に依存しつつ、顧客獲得を競い合う正の循環の中で発展していく、依存と競争の絶妙なバランスで発展するのである（第13章参照）。

　では、商店街と聞いてどんな姿を思い浮かべるだろうか。それは自宅から徒歩圏に位置し日常の食材や日用品の商店が並ぶ姿だろうか。それとも都市の中心部にあって、高級ブランド店やおしゃれなレストランやカフェが並ぶ繁華街の姿だろうか。実は「商店街」とはそれら全部が含まれるほど多様である。ただ、戦前の昭和

【図5-1　商業集積の形成における正の循環】

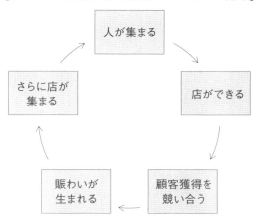

❖

初期まで「商店街」として認識されていたのは、後者のような繁華街としての商店街であり、前者のような日常的な食品などの取扱いを中心とした集積は「市場（いちば）」とよばれて、商店街とは区別されていた。

　現在では、そういった区別なく商店街として商圏別に分類されている。大まかには「近隣・地域型」と「広域・超広域型」で理解しておけばよいだろう。内訳としては、全国に約1万4,000余り存在する商店街のうち8割以上が近隣・地域型商店街とされている。

❖ 商店街の現況と組織特性

　では、これらの商店街がどのような状況にあるのか確認しよう。それを端的にあらわすものに「商店街の景況感」がある（図5-2）。まずわかることは、「繁栄している、繁栄の兆しがある」と感じている商店街の少なさである。次に衰退の状況についてみると前回調査より減ってはいるものの、「衰退の恐れがある、衰退している」と感じている商店街がほぼ7割近くも存在しているのである。これらのことから全般的に商店街が苦しい状況にあることがわかるだろう。

　しかし、その状況は一様ではなく、タイプごとでみるとその違いがよくわかる（図5-3）。明らかに衰退の傾向にあるのは近隣・地域型商店街である。このこと

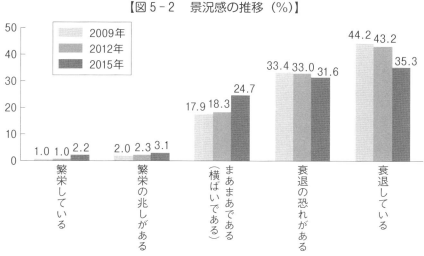

【図5-2　景況感の推移（%）】

出所：『平成27年度　商店街実態調査報告書』より作成

第5章　商店街とショッピングセンター

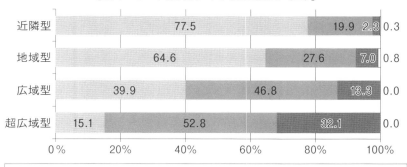

【図5-3　商店街タイプ別景況感（％）】

出所：『平成27年度　商店街実態調査報告書』より作成

【表5-1　商店街の抱える問題の推移】

	1位	2位	3位	回答形式
2003	経営者の高齢化による後継者難	魅力ある店舗が少ない	商店街活動への商業者の参加意識が薄い	複数選択
2006	魅力ある店舗が少ない	商店街活動への商業者の参加意識が薄い	経営者の高齢化による後継者難	3つまで選択
2009	経営者の高齢化による後継者難	魅力ある店舗が少ない	核となる店舗がない	3つまで選択
2012	経営者の高齢化による後継者難	集客力が高い・話題性のある店舗・業種が少ない又はない	店舗等の老朽化	3つまで選択
2015	経営者の高齢化による後継者難	集客力が高い・話題性のある店舗・業種が少ない又はない	店舗等の老朽化	3つまで選択

注：2006年度以降は回答数を3つまでに制限している。
出所：『平成27年度　商店街実態調査報告書』より作成

から商店街全般に苦境であるが、特に近隣・地域型商店街がその状況にあるということがいえる。

　先に商店街は集客との正の循環で発展すると述べたが、集積として魅力的な商店

が揃い充実した品揃えを形成することは、それほど簡単なことではない。先に確認した商店街の景況感からも、そのことは明らかだろう。では、商店街は実際にどのような問題を抱えているだろうか（表5-1）。それは、郊外の大型店のような外部との競合ではなく、高齢化による後継者難や店舗の老朽化といった商店街内部のことに集中していることがわかる。

　通常、商店街は集積として消費者に魅力を発信していることから、個店の衰退は単にそのことだけにとどまらず、集積内の他店へ悪影響を及ぼすことになり、ひいては集積全体の衰退につながりうる。ちょうど、図5-1と逆の循環が起こるのである。だからこそ商店街では、商店が単に集合しているだけでなく、全体としてまとまって運営することが求められるようになる。ただし、まとまることが必要だといっても、それが容易にできるかどうかはまた別である。

　というのは、商店街の成り立ちは自然発生的であり、計画的に集積が形成されたわけではないからだ。つまり、商店街の商業者は需要に導かれる形で結果的に集まっただけで、何らかのコンセプトの下に集まったのではない。メンバーが互いを選択できる余地もなく、経営方針や資金力などバラバラなメンバーが集まっているため、全体をまとまった形で管理・運営することが難しくなるのである。では、どのような難しさがあるのか確認しよう。

❖❖ 商店街の管理の難しさ

　第1は、商業集積内の個別商業者の経営理念の問題である。現実的に考えて、商業集積内のすべての商業者が売上を最大にしようと日々努力しているとは限らない。商業者にもいろいろな価値観がある。例えば、商店街の中には引退を考える高齢の商業者もいる。このような商業者にとっては、引退までの日々の生活が送れればよいわけで、商店街全体の長期的な発展のための取組みには関心を示さないかもしれない。しかし商店街の商業者は、それぞれが誰の支配も受けない独立した存在であるため、商店街を管理・運営したい側としては、そうした商業者に足並みをそろえた経営を強制することはできない。

　第2は、ただ乗りの問題である。集積内では商業者同士は品揃えを補完し合いながら商売を続ける。問題は、その関係が常に公平で対等な関係になるとは限らないことである。例えば、集積内でイベントなど何らかの共同事業を実施しようとしたときに、それに積極的には協力しない店舗があったとしよう。その時でも、共同事

業で集積内の他の魅力ある店舗が惹きつけた消費者を協力しない店舗も取り込むことができてしまうのである。これは集積内の店舗間の関係が、どちらか一方に依存している状態（ただ乗り）である。

　第3は、商業集積が空間的な制約を受けることと関連する。商業集積は、魅力を保ち高めるためには、集積内の依存と競争により常に新陳代謝する必要があるが、それは集積の空間的な制約に阻害されてしまう可能性がある。例えば、ある魅力的な商店街に出店したいと思っている多くの店があったとしても、商店街の空間は限られているため、一定の範囲を超えて出店することはできない。たとえ、どれほどやる気のない店舗が集積内にいたとしても、それを移転や退店させることはできないのである。

　第4は、商業集積内の業種構成によっては、競争がうまく働かない場合があるという問題である。例えば、鮮魚店が集積内に2軒ある場合、おそらく消費者を惹きつけるための工夫を凝らす競い合いをするだろう。つまり、この競争で集積の魅力が高まるかもしれないが、あくまでも自然発生的に集積が形成された商店街では、そう都合よく適切な競争が生まれる業種が揃うという保証はないのである。

　第5は、商業集積内の個々の商業者の品揃え形成が、必ずしも依存関係をもたらすとは限らないという問題である。例えば、集積内の服屋が客層を絞ったハイグレードな品揃えをしたとしよう。集積内のバランスを考えると、当然、周辺の店舗もそれに見合った品揃えを期待するはずである。ところが、商店街においては自然発生的であるために、それを強制することはできない。各商業者が周りを意識せず品揃えを進めた場合、商店街としては統一感のない消費者にとって不便なものになってしまうかもしれない。

❖ 商店街に期待される方向性

　商店街における共同の活動は、戦前の昭和初期には、組織的な対応を積極的に推進する運動も起こり、それは現在に至るまでさまざまな形で展開されている（Column 5 - 1）。ただ、商店街の現状から考えると未だ有効な手立てが見出されているとはいいがたい。

　しかし、商店街は企業組織のように管理されていないことが消費者への魅力にもなる。それは自然発生的だからこその意外性であったり、地域独特の文化に根ざした個性であったりする。だからこそ、大手チェーン店のような地域を越えて標準化

> Column 5-1
>
> ### 商店街活性化事業の「三種の神器」
>
> 　本文でもふれているように、商店街の衰退が叫ばれて久しい。多くの商店街がさまざまな取組みをしているが、ここ数年、注目されている商店街活性化の取組みがある。それが「100円商店街」、「まちバル」、「まちゼミ」の三種の神器といわれるものだ。
>
> 　まず「100円商店街」は、2004年（平成16年）に山形県新庄市の商店街から始まり、現在では約100ヶ所の市町村で実施されるほどに広がっている。商店街の各店舗の店頭に100円コーナーを設け、店内で支払いをするように設計する。それによって個店のことを知ってもらうとともに、商店街を回遊してもらうことを狙っている。
>
> 　次に「まちバル」は、ドリンク1杯とおつまみ1品を楽しみながら「BAR」をまわるスペインの文化に倣ったもので、2004年に北海道函館市で始まり2009年（平成21年）の兵庫県伊丹市での開催を契機に全国に広がった。通常、数枚綴りのチケットを購入して街なかの飲食店を食べ（飲み）歩きする。こちらも普段は行かない個店へ気軽に行けることで、新たに知ってもらう利点がある。また事前にチケットを販売するため、安定的な売上確保や準備すべき食材の量を把握しやすい。
>
> 　最後に「まちゼミ」は、商店街の商業主やスタッフが講師となって、自身の専門知識や技術を生かして参加者に無償で伝える取組みである。2003年（平成15年）に愛知県岡崎市から始まり全国に広まっている。先の2つの取組みのような派手さはないが、自店を会場としてゼミナール形式で少数の参加者とじっくり交流を図ることができる。
>
> 　以上、商店街活性化事業の「三種の神器」は、いずれも消費者と商業者を直接結びつける取組みという共通点がある。また、一過的なイベントにより来街者を増やすというよりも、来店者を増やすことを狙っていることが特徴である。したがって、来店してくれた客をいかにリピーター化するかが重要になる。
> （長坂泰之編著『100円商店街・バル・まちゼミ：お店が儲かるまちづくり』学芸出版社、2012年）

されたものとは異なる商店街は、その特性が強みでもあり弱みともなる。

　さらには地域に根ざしていることが、単なる商業の機能だけでなく、地域コミュニティを担う存在として期待されることにもつながっている。現在の人口減少や高

齢化による地域のつながりの希薄化など、コミュニティの弱体化が指摘されているが、それを維持する場として商店街の役割が期待されているのである。

　商店街に立地する個別商店の多くは、その地域の人びとを対象として日々の営業をしている商業である。その意味で、地域が衰退することは商業者にとっても足場が崩れてしまうことになる。確かに、ただ存在するだけで自動的にコミュニティの担い手になるということではないが、地域コミュニティを維持することは、商業者にとっても重要なのである。そうした理由から、まちづくりとの関わりが重要視されているが、より詳しくは第14章で取上げる。

3　管理型商業集積としてのショッピングセンター

　ショッピングセンター協会の定義によると、SCとは「一つの単位として計画、開発、所有、管理運営される商業・サービス施設の集合体で、駐車場を備えるものをいう。その立地、規模、構成に応じて、選択の多様性、利便性、快適性、娯楽性等を提供するなど、生活者ニーズに応えるコミュニティ施設として都市機能の一翼を担うものである」(SC協会ホームページ：http://www.jcsc.or.jp/sc_data/data/definition)。簡単にいうと、SCの多くは百貨店や総合スーパーなど大型店を核店舗とし、専門店や飲食店、シネマコンプレックスなどサービス施設の複数店舗から計画的に構成されたものである。

　SCのビジネスモデルの特徴は、集積全体が1つの単位として管理・運営されている点である。通常SCを所有するのは、デベロッパー（以下、DV）といわれる開発業者だが、これがSC全体を管理・運営する。以下では、SC業界の発展を概観した上で、そのビジネスモデルについてみていく。

❖ ショッピングセンターの発展

　日本でSCが開発され出したのは1960年代後半（昭和40年頃から）である。当時は高度成長のまっただ中にあり、高速道路網の道路整備だけでなく、東京の多摩や大阪の千里など郊外のニュータウン建設が進められていた。また自動車の保有台数も増加しモータリゼーションが進む。こうした都市の郊外化とモータリゼーショ

ンが背景となって、SC開発の素地が整っていく。つまりSCの発展は郊外化とともに歩んでおり、それは郊外という新たな立地の創造であった。

一方でSCの発展には、大型店の出店に関する法規制の影響も無視できない。それは大まかに、1970～80年代（昭和45～55年頃）の規制強化期、1990年代（平成10年頃まで）の規制緩和期、2000年代以降（平成12年より後）のまちづく

【図5-4　年代別・立地別SCオープン数】

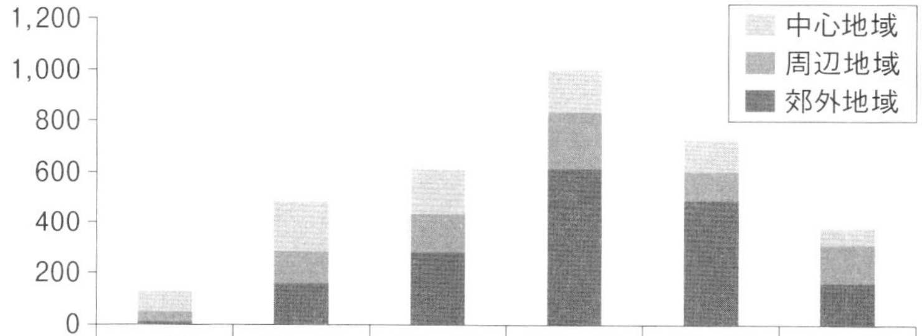

	～69	70～79	80～89	90～99	00～09	10～16
中心地域	78	202	178	164	123	65
周辺地域	37	126	153	220	113	151
郊外地域	14	157	281	613	490	161

出所：『SC白書』2008年版、2017年版より作成

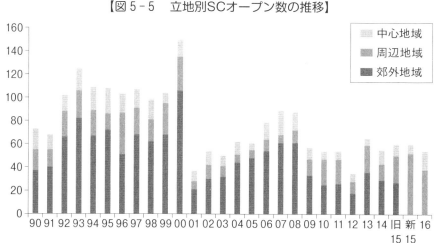

【図5-5　立地別SCオープン数の推移】

注：2015年は立地区分の新・旧両基準を示している。
出所：『SC白書』2008年版、2017年版より作成

> **Column 5 – 2**

SCとまちづくり

　玉川髙島屋SCの成功が刺激となり、1970年代（昭和45年頃）以降は郊外型SCの開発が進む。また本文でもふれたように、モータリゼーションと人口の郊外化がそれをより加速させた。一方で、既存の商店街からすると郊外型SCの発展は脅威であった。そのため、1980年代（昭和55年頃）に入ると商店街商業者たち自らがSC開発に乗り出す動きが起こる。これは核店舗に総合スーパーを誘致し、専門店部分には商店街などの地元商業者が協同組合を設立して運営するというのが一般的であった。当時としては、大型店も地元商業者からの出店反対を緩和でき、中小小売商との共存共栄が図れる地域活性化の理想的なSC開発手法として期待された。しかし、組合は全体を管理する権限構造を有さない組織特性から、SC開設後の運営において足並みが揃わなくなるなど、多くが期待された成果を出すことができなかった。こうした共存共栄型のSC開発は、後に特定商業集積整備法（1991年（平成3年））として政策的にも後押しされることになる。

　1980年代（昭和60年頃）後半になると、娯楽やサービス施設を取り入れた総合生活対応型のSCが開発される。消費の多様化に伴って、SCにとって物販機能だけで十分な顧客を惹きつけることが難しくなり、多様な非物販施設の導入が模索されるようになった。代表的には1985年（昭和60年）、兵庫県尼崎市にオープンした西武セゾングループの「つかしん」である。つかしんは単なる商業施設としてではなく、まちづくりを標榜して開発された。核店舗の百貨店や専門店ゾーンに加えて、カルチャー教室や飲食店だけでなく、ジョギングロードや小川などの多様な施設が揃えられた。駐車場も地下に配置され、敷地には塀が設けられず、どこからでも出入可能なオープンな空間が形成された。「街」には、商業だけでなくさまざまな機能が必要である。事業的に成功を収めたわけではないものの、つかしんはまさにそれを目指した画期的なSCの開発であった。

り期に分けることができる。

　図5-4を見ると、SCの郊外立地は1970年代（昭和45年頃）から増えはじめる。この時期は、1974年（昭和49年）に大型店の出店を規制する大規模小売店舗法（大店法）が施行された。また、1980年代（昭和55年頃）にかけて商店街による反対運動など出店規制が強化された時期である。そのためもあり、反対や規制が比較的緩やかだった郊外への立地が増加していた。

図5-5も合わせてみると、1990年代（平成2年頃から）はSC出店が大幅に増加していることがわかる。この時期は、大店法が緩和されたことも合わさりあって、郊外立地が突出して多いことがよくわかる。また、2000年（平成12年）の開設数が際立って多いのは大店法が廃止され、新たにまちづくり3法（大店立地法、改正都市計画法、中心市街地活性化法）が施行されることによる、駆け込みの出店増加がみられた。

　まちづくり3法は2006年（平成18年）に改正され、翌年以降の郊外出店の規制が強化される。というのは、SCは郊外で大きく発展してきたが、そのことによって都市がスプロール化し中心市街地の空洞化をもたらしたからだ。こうした状況から、単に店舗面積だけで出店規制を考えるのではなく、周辺環境との関わりで街の適正な発展をコントロールするまちづくりが求められた。少子高齢化による人口縮小において、都市機能を街なかに集約させるコンパクトシティが目指されているものこのためである。今後は、商業施設としてのSCだけでなく都市を形づくる施設としての側面から捉えることも必要になっている（Column 5-2）。

❖ 玉川髙島屋ショッピングセンターの開発

　以下では、代表的なSCの事例として玉川髙島屋ショッピングセンター（以下、玉川髙島屋SC）を取り上げよう（写真5-2）。玉川髙島屋SCは、髙島屋を母体と

【写真5-2　玉川髙島屋SCの外観】

写真提供：東神開発株式会社

第 5 章　商店街とショッピングセンター

したDVの東神開発株式会社が、1969年（昭和44年）にオープンした日本初の本格的郊外型SCである。店舗面積８万6,600㎡、核店舗の髙島屋の他に340店の専門店テナントがある。SC全体の売上高は927億円（2017年度（平成29年度））であり、内訳は百貨店429億円、専門店とその他498億円となっている。

　玉川髙島屋SCの開発には、郊外化という環境変化だけでなく２つの個別的な背景がある。１つは、SC開発に先立つ横浜髙島屋（1959年（昭和34年）開店）の成功があった。当時の横浜駅西口は今と違い、アメリカ軍の燃料置場など殺風景な荒地であった。しかし、駅の乗降客は少なくても乗換や通過の利用客とバス利用客の多さから東京に次ぐポテンシャルが見出されたことで、当時では考えられないような立地での出店が実現された。もう１つは、欧米のSCを視察調査したことである。そこでは、地下鉄の駅やバスターミナルに隣接しているSCもみられ、まだまだモータリゼーションの途上にあった日本の条件に適した形であった。世田谷区の南西に位置し、郊外住宅地として発展していた二子玉川も、自動車での利便性だけでなく二子玉川駅に複数のバスや鉄道路線がある利便性の高いエリアであった。

　こうした背景から、当時の一等地とはかけ離れた場所でのSC開発につながった。結果としては、初年度の売上も100億円超で、計画の80億円を大幅に上回るものであった。さらに、開業２年目にして全テナントも含めた黒字化を達成するほどの盛況であった。

　玉川髙島屋SCの管理・運営の特徴として、DVとテナントとの共存共栄という考え方をあげることができる。SCにおいてDVはテナントからの賃料が主な収入となる。しかし、それだけで考えてしまうと、DVはなるべくリスクやコストを負担せずにテナントから賃料を得ることだけが目的となりかねない。ただし、テナントが経営悪化し賃料支払いができなくなると、結局はDVの経営も成り立たなくなってしまう。

　当時の欧米のSCでは、テナントの売れ行きが良くなければどんどんテナントを入れ替えるというドライな関係であったが、玉川髙島屋SCの場合は、テナントを協働のパートナーとして捉える。欧米では賃料方式も固定制が主流であったため、DVがテナントを積極的に育成するという考えは希薄になりやすい。他方で、玉川髙島屋SCの賃料方式は最低ラインを設けた上で、テナントの売上が伸びるほど賃料も上昇する歩合制を組み込んだものとしている（図５-６）。それは「最低保証付き賃料」とも呼ばれる。そのため、両者は共存共栄の関係となり、DVが積極的にSC全体の管理・運営にかかわる誘因となる。すなわち、テナントの業績がDVの利

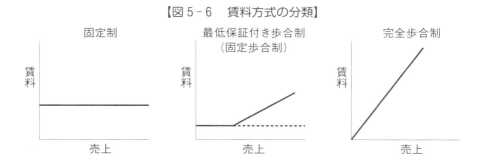

【図5-6　賃料方式の分類】

益に直結する仕組みを構築しているのである。さらには、開設時の賃料を低めに設定することで、多様なテナントを誘致することにもつなげている。このように玉川髙島屋SCでは、DVが全体を管理・運営する中でテナントを育成し、信頼関係を築いているのである。

❖ 集積を管理・運営するSCの革新性

　以下では集積の管理に関するSCの革新性を4つに整理しよう。第1は、DVが施設全体を所有し個店経営と分離させた「所有と経営の分離」である（経営学における株主と経営者の分離とは異なる）。これはDVが全体を管理・運営できる根拠となり、計画的で統一的な集積の運営を可能とした。

　しかし可能になるとはいえ、DVが管理・運営にかかわるインセンティブがいる。そのためには、テナント売上と連動する歩合制を組み込んだ賃料方式とすることが、DVによる全体の管理・運営にかかわろうとする誘因となる。これが「所有と経営の分離」を支える仕組みであり、革新性の第2である。

　第3は、SCの内部における多様性の確保である。テナントの実力は一律でない。それは業種やSC内の配置によっても大きく変わる。仮に一律の賃料設定をすると、その支払い能力に規定され店舗構成の多様性も限られてしまう。したがって、例えば、テナント開業時の賃料を低めにしたり、業種や配置によって賃料を傾斜的に設定したりする。そのことがテナント育成となり、多様性の確保につながるのである。すなわち、SCの魅力づくりに直結することになる。

　第4は、適切な管理・運営のための経営情報の公開である。DVは管理・運営にかかわる根拠とインセンティブをもっているが、それを有効にするためにはテナン

第5章　商店街とショッピングセンター

トの経営内容を正確に把握しておく必要がある。そうすることがテナントへの適切な経営指導につながり、両者の信頼関係をより強固なものとしていく。以上、SCにとっての革新性とは、商業集積を管理・運営する手法を開発したということである。

4　おわりに

　本章では商店街とSCについて、それぞれの基本的な特徴や集積の管理運営の様式について述べてきた。両者は、消費者の多様なニーズに対して個々の商店が複数集まることで、それに対応しようとしている。しかし、それぞれ集積としてのまとまり方には大きな違いがあった。

　商店街は自然発生的に形成された集積であった。そのため、メンバーを互いに選ぶことができず、全体としてまとまって何らかの取組みをすることが難しくなるのである。他方で自然発生的であるからこそ地域に根ざしており、コミュニティの場としての役割が期待されている。SCはあるコンセプトの下、DVによって全体を管理・運営する。SCが他の商業集積と区別されるのは「所有と経営の分離」の仕組みを開発してきたことであった。それによって集積全体を管理・運営することが可能となるのである。

　しかし、だからといってすべての面でSCが商店街に勝っているということではない（表5-2）。SCは統一的に管理できる仕組みでまとまっているが、他方で商店街の自然発生的であるがゆえの、界隈の意外な発見といった予期せぬ出会いという魅力がある。したがって、単純にどちらが良いかという話ではない。確かに、商店街も「所有と経営の分離」の仕組みを導入しようとする動きが一部で起こってい

【表5-2　商業集積タイプ別の比較】

	自然発生型商業集積	管理型商業集積
依存関係	成り行きに期待	自ら設計
競争	成り行きに期待	自ら設計
統一性	低い	高い
多様性	高い	低い
環境変化への対応	多元的、ダイナミック	一元的、計画的

る。しかし、もっと重要なことは現在の大きな環境変化が進む世の中において、今後、商店街やSCに求められる役割とはどのようなことかを考えることである。それぞれの特徴を踏まえながら自分の周りの商店街の行く末を考えてみよう。

❓考えてみよう

1. 『商店街実態調査』や『商業統計調査』など本文で用いたデータ以外も活用しながら、商店街にどのような現状が浮かび上がるか整理してみよう。
2. SCをいくつか訪れてみよう。そこから、テナント構成にどのような傾向があるか整理してみよう。また、そのような傾向が見られた理由について考えてみよう。
3. あなたにとって魅力的だと思う自然発生型商業集積と管理型商業集積を訪れてみよう。それぞれの集積のどのような点が魅力的だと思うのか整理して、その違いを比較して理由を考えてみよう。

参考文献

新　雅史『商店街はなぜ滅びるのか：社会・政治・経済史から探る再生の道』光文社新書、2012年

石原武政『小売業の外部性とまちづくり』有斐閣、2006年

倉橋良雄『ザ・ショッピングセンター：玉川高島屋SCの20年』東洋経済新報社、1984年

次に読んでほしい本

石井淳蔵『商人家族と市場社会：もうひとつの消費社会論』有斐閣、1996年

石原武政・渡辺達朗編『小売業起点のまちづくり』碩学舎、2018年

斉藤　徹『ショッピングモールの社会史』彩流社、2017年

第6章

小売業態とは何か

1 はじめに
2 コンビニエンス・ストアの誕生
3 業態革新と業態技術
4 おわりに

1 はじめに

　朝、出掛けに靴を眺めてみよう。もちろん靴専門店で買った靴もあるだろうし、リクルート・スーツを買うときに洋服店でスーツと一緒に買った靴もあるかもしれない。スニーカーなどは、チェーンの靴店で買ったものもあれば、スポーツ用品店で買ったものもあるかもしれない。このように、同じ商品を取扱う小売業でも、さまざまなタイプがある。

　こうしたさまざまな小売業を分類する際には、取扱っている商品の品種によって分類するのが一般的だ。取扱い商品による分類を、業種による分類という。もっとも、同じ商品を扱っていても、扱い方に差がある場合も多くみられる。例えば、特定の品種を専門に扱う専門店と、多様な商品を総合的に扱う百貨店とでは、同じ商品でも扱い方が違ってくる。商品の扱い方による小売業の分類を業態による分類という。

　そもそも小売業は、卸売業や生産者と同様に、業種別に分かれることが一般的であった。なぜなら取扱う商品によって、必要とされる技術（ないしノウハウ）が異なるからである。例えば、鮮魚店に求められるのは魚の鮮度を保持したり、魚を三枚におろしたりといった技術であるが、靴店でこのような技術が必要ないのはいうまでもない。その代わりに靴店では、顧客の足に靴を合わせるシュー・フィッティングの技術や、靴の修理や手入れなどの技術などが求められるであろう。

　逆に、技術が業種の壁を崩すこともある。例えば、靴店が、ファッション全体に関するトータル・コーディネート提案の技術をマスターすれば、靴だけでなく、カバン、スーツ、靴下、ベルトといったものを靴とセットで販売していくことが可能になる。こうなると、この靴店は靴だけを売っている靴店とは、もはや同じ業種とは考えにくくなる。靴を販売している点は同じだから業種は同じで、靴以外のものをトータルで提案するという靴の扱い方が違うので、業態が違うといういい方もできる。しかし、靴以外のものも扱う以上、靴しか扱わない靴店とは、もはや業種も違うと考えるべきかもしれない。結局、業種も業態も、小売業の分類軸としては、必ずしも十分なものではないことがわかる。

　ただ、このとき、靴しか扱わない靴店と、ファッション全体のトータル・コー

ディネート提案をするようになった靴店とで、明らかに違っているものがある。それは商品を取扱う技術である。業種の壁ができるのも崩れるのも、商品の取扱い技術が原因なのである。この商品取扱い技術のことを業態技術とよぶことにしよう。

　第5章までで、さまざまな小売業を概観してきたが、本章ではこれらを業態技術の観点から、再度整理する。百貨店にしても、スーパーにしても、コンビニエンス・ストアにしても、すべてその業態を成り立たせている業態技術がある。小売業においては、この業態技術の開発が、競争の一番の焦点になっているのである。まずはこのことを、コンビニエンス・ストアの事例で確認してみよう。

2　コンビニエンス・ストアの誕生

❖ 中小小売業とフランチャイズ・チェーン

　第3章でみたように、コンビニエンス・ストア（以下、コンビニとする）が日本に誕生するのは、1970年代（昭和45年頃）のことである。1960年代（昭和35年頃）にスーパーが急成長したことで、規模の小さな小売業、特に食料品小売業の行く末が不安視されていた。また、政策面でも1973年（昭和48年）には大規模小売店舗法（大店法）が成立し、売り場面積1,500平方メートル以上の小売店の出店規制が実施され、1978年（昭和53年）には500平方メートル以上の小売店はすべて出店規制の対象となることになった。もはや1960年代（昭和35年頃）のようなスーパーの急成長は望めない時代になったのだ。

　このことから、スーパー各社が、新たな成長の道を切り開くために、コンビニという新業態を開発することになる。このとき、中小小売店をフランチャイズ・チェーンという形で、組織化したという点は興味深い。フランチャイズ・チェーンというのは、本部が一般から加盟店を募集し、事業許可（フランチャイズ）や経営支援を与える代わりに、チェーンへの加盟料を徴収するという形で、成り立っているチェーンである。チェーン本部をスーパーの子会社として設立し、そこに中小小売店が加盟店として参加するという形が多い。つまり、本来まったく資本関係のない、スーパーと中小小売店が、共同で同じチェーン組織として働いているわけであ

る。大店法で新規出店が難しくなったスーパーと、スーパーの急成長の影響で将来が危ぶまれるようになった中小小売店との、共存共栄を意図したチェーンの在り方だったといえる。

　もっとも、中小小売店との共存共栄という理念を実現するのは、簡単に実現されたものではない。それを実現するためには、越えなければならないハードルがいくつもあったのである。

❖ 売れ筋商品の把握

　中小小売店をフランチャイズ・チェーンとして組織化するという時に、まず問題になるのは、店舗の狭さである。コンビニの平均的な店舗面積は約100平方メートル、そこに約3,000品目の商品がびっしりと並べられている。狭い店舗で売り場を可能な限り広くとるためには、在庫を置いておくバックヤードは可能な限り狭くしたい。バックヤードがまったくなくて、店頭に並んでいる商品だけが在庫で、それ以上の在庫は１つもないというのが、理想的だ。また、売り場にある店頭在庫も、可能な限り早く回転させたい。売り場が広いスーパーなら、たまにしか売れないものでも、品揃えを豊富にするために置いておくことは可能かもしれない。しかし限られた広さの売り場しかないコンビニでは、滅多に売れないような商品を置いておく余裕がない。

　そこでコンビニでは、売れ筋商品だけを売り場に並べたいということになる。そのためにまず必要なのは、商品の売れ行きを正確に把握することである。コンビニでは、そのためにPOSシステムを整備し、死に筋商品を売り場から排除し、品揃えを売れ筋商品だけに絞り込む仕組みを作り上げた。

　しかし、売れ筋商品を把握できても、それが品切れするようでは、意味がない。在庫をきちんと補充するための仕組みが必要になる。コンビニでの在庫補充には、スーパーにない難しい問題がある。ほとんどの商品は、店頭に並んでいるものだけが在庫で、バックヤードに余分な在庫を置いておくスペースがないからである。充分な在庫スペースがあれば、商品を１ダース（12個）、あるいは１グロス（12ダース）という単位で在庫して、品切れを防ぐこともできるだろう。しかし、店頭に10個しか並んでいない商品を、売れた数だけ補充するということになれば、１個単位での在庫補充が必要になる。つまり、発注ロット（１回の発注の単位数量）を小さくしなければならないのだ。

さらに、配達頻度も問題である。例えば、ある商品の発注ロットが1ダース単位で、その1ダースが売り切れるのに、1ヶ月かかっていたとしよう。このときは、1ヶ月は在庫がもつわけであるから、発注は1ヶ月に1回でいいということになる。今度は発注ロットを1個単位に改めたとして、配達の頻度は相変わらず1ヶ月に1回だったとしたらどうであろうか。在庫が1個だけ補充されて、次の補充が1ヶ月後だとすれば、月の前半で品切れが発生し、月の後半は品切れ状態のまま、みすみす販売機会を逃すということになるだろう。これを避けるためには、配達の頻度を上げなければならない、1ヶ月に一度ではなく、週に一度、理想的には毎日配達するという体制を作りたい。そうでなければ、発注ロットを小さくした意味がないのである。

このように、コンビニでは狭い売り場を効率的に活用するために、発注ロットを小さくして、多頻度の配送をする体制をとっている。これがいわゆる多頻度小口配送である。この多頻度小口配送があってこそ、POSシステムを活用した売れ筋商品の絞り込みも意味があるのである。

しかし、この多頻度小口配送も問題がないわけではない。配送の頻度が上がるということは、物流業務が手間のかかるものになるからである。その点を次に考えてみよう。

❖ 共同配送体制の確立

コンビニの約3,000品目の品揃えをするためには、約70社から80社の取引先が必要になるといわれている。多頻度小口配送が実現して、もしすべての取引先が、毎日でも配達に来るという体制が整ったとすると、約80社のトラックでコンビニの店頭があふれかえる可能性がある。トラックが到着するたびに、商品を受け取る店舗側は、検品や品出しなど、荷受け作業を行わなければないが、その作業も約80回必要ということになる。これでは肝心の販売業務に支障が出かねない。

そこでコンビニでは、共同配送が行われている。複数の取引先の商品を、共同配送センターで1台のトラックにまとめて載せてから店舗に配達するという方式である。

もっとも、この共同配送も、一筋縄で取り入れられるわけではない。コンビニに商品を納入している業者は、基本的にはすべてがライバル同士である。そのライバル同士が共同で仕事をするということは、従来の常識では考えられないことであっ

た。

　この共同化は、いわゆる日配食品から始まったといわれる。日配食品というのは、文字通り毎日配達しないといけないような、日持ちのしない商品である。とはいえ日配食品の業者は地場の中小企業が多く、きめの細かい多頻度小口配送を、コンビニの店舗網に対応した広い範囲で行えるような、配送能力をもった業者はむしろ珍しかった。コンビニ側の要求に応えていくためには、各社の個別の努力だけでは限界があり、共同配送センターをつくって配送能力を強化するために協力し合う必要があった。

　このようにして、日配食品の分野から配送の共同化が始まるが、やがてそれはコンビニに商品を納入するほとんどすべての業者に広がっていく。その際、共同化といっても、あらゆる商品を1台のトラックに載せるのは、さすがに無理がある。コンビニ業界では、商品を管理する温度帯別に商品を分類し、商品を管理する温度が同じものは同じトラックに載せるという方法がとられている。例えば、冷凍食品やアイスクリームなどは、冷凍設備のある1台のトラックに載せて商品を配達する。現在では、チルド（5℃）、定温（20℃）、冷凍（マイナス20℃）、常温という4

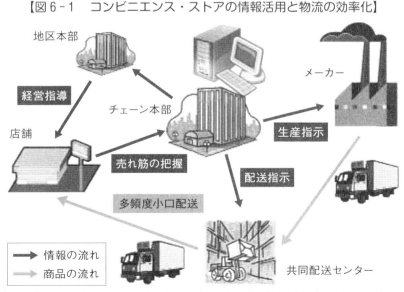

【図6-1　コンビニエンス・ストアの情報活用と物流の効率化】

出所：セブン-イレブン・ホームページ（セブン-イレブン徹底解剖：第6次総合情報システム）をもとに著者作成（http://www.sej.co.jp/corp/aboutsej/info_01.html）

つの温度帯別の共同配送が一般的になっている。これを温度帯別物流という。これによって、1日平均80台だった配送トラックは、1日10台程度にまで減少したといわれている。

　温度帯別物流によってトラックの台数が減少したとはいえ、10台のトラックが同じ時間帯に集中すれば、やはり店頭が混乱する危険性が残っている。そこでコンビニでは、ダイヤグラム（時刻表）をつくり、各トラックの店舗への到着時刻を決めている。これをダイヤグラム配送という。ダイヤグラム配送によって、トラックが同じ時間帯に集中することもなく、またお弁当など売れる時間帯が決まっている商品も売れるタイミングを逃すことなく、適切な時間に配達される体制がとられるようになる。

　いうまでもないことだが、こうした物流体制は、情報システムがなければ実現しない。POSシステムによって収集した商品の売れ行きの実績情報を複数の業者間で共有し、どの商品をどれだけつくって、どこにいくつ配送すればいいかといったことを予測しながら、無駄のない物流が実現されている。

　このようにコンビニという業態1つとってみても、多頻度小口配送、温度帯別物流、ダイヤグラム配送といった物流面の新たな技術、それを支える新たな情報技術がなければ成立し得なかった業態であることがわかる。このような技術があってこそ、100平方メートルのコンパクトな店舗で、3,000品目の商品を提供するという、コンビニの現在の形が実現できるのである。つまりコンビニという業態は、こうした業態技術のパッケージなのである。

　また、コンビニという業態が確立されると、発生した需要が、時間をおかずにすぐに満たされるような消費スタイルを生み出した。これまでは夜中に何かが欲しいと思っても、翌朝まで待つしかなかった消費者は、24時間営業のコンビニの登場によって、欲しいと思った時にすぐに商品を手に入れることが可能になった。しかもコンビニは、半径500メートルともいわれる狭い商圏の顧客をターゲットにした小規模な店舗なので、買い物に出向くのも、店内で目的の商品を探すのも、手間がかからず、便利な買い物のできる、まさに「コンビニエンス（便利さ）」を売る店なのである。それゆえに、消費者は、家庭内に商品を買い置きする必要もなく、欲しいと思った時にコンビニに買いに行くという新たなライフスタイルが可能になったのである。こうした消費の在り方は「消費の即時化」と呼ばれる。このように、新たな業態の確立は、新たな消費スタイルを生み出すものでもあるのだ。そして、その業態の確立は、業態技術の開発があってこそ可能になるのだ。

3 業態革新と業態技術

　ここまでみてきたように、コンビニという業態は、それを成り立たせている業態技術のパッケージだということができる。コンビニに限らず、歴史を振り返ってみると、新しい業態というものは、新しい業態技術のパッケージとして現れる。

　第2章でみた百貨店は、歴史上最初の革新的な小売業態として現れる。1852年（嘉永4年）に開店したパリのボン・マルシェが最初の百貨店だとされるが、その誕生の背景には新しい業態技術があった。鉄骨建築の技術やエレベーター技術の進歩など建築技術の進歩がこれまでにない巨大な店舗を実現し、板ガラスの製造技術の進歩が大きなショーウィンドーを可能にし、「消費の宮殿」と呼ばれた。この消費の宮殿には多種多様な商品が集められるわけであるが、それを実現したのが、デパートメント・ストアという名前の由来にもなっている部門別管理という運営ノウハウである。各部門がそれぞれの責任において、商品の仕入れ、管理、販売を行うことで、個人経営の商店では実現しえないような幅広い品揃えを可能にしたのである。また店内自由閲覧、正札販売、品質保証、返品自由といった今日の小売業では当然のこととなっている原則を初めて打ち出した。これらの原則は誰にでも平等に適用されるので、百貨店は「消費の民主化」を実現したといわれる。大量に集められた商品は、こうした販売原則が受け入れられ、大量に買われていくことになった。百貨店はこうした新たな業態技術のパッケージだったのである。

　百貨店が都市部の需要を切り開いたのに対し、農村部の需要を切り開く新業態も登場した。1872年（明治5年）のモンゴメリー・ウォード、1886年（明治19年）のシアーズ・ローバックなど、19世紀の末のアメリカでは大規模な通信販売業者が登場する。百貨店から遠く離れた地域に住んでいて、品揃えの悪いゼネラルストア（よろず屋）や詐欺まがいの行商人に頼らざるを得なかった農村部の消費者に受け入れられた。こうした通信販売業者も、当時発達してきた交通機関や郵便事業といった技術の進歩によって可能になった業態である。また配送センターの効率的運営のノウハウも優れており、かの自動車王ヘンリー・フォードが、フォード生産方式を考案する際の参考にしたとさえいわれる。

　百貨店が「消費の民主化」と呼ばれるのに対し、スーパーマーケットが引き起こ

Column 6-1

流通政策と業態

　流通政策の在り方は、どんな業態が規制されるべきもので、どんな業態が望ましいかを決めるルールのような役割を果たしている。

　1937年（昭和12年）には、百貨店の成長に脅威を感じた中小小売業の保護を目的とした百貨店法が施行された。この法律は、1947年（昭和22年）にいったん廃止されるが、百貨店反対運動が再燃し1956年（昭和31年）に再び制定される（第二次百貨店法）。

　1960年代（昭和35年頃）になるとスーパーが急成長する。スーパーは百貨店法の規制対象にならない業態であったので、規制の対象を百貨店以外の大型店にも拡大する形で、1974年（昭和49年）に大規模小売店舗法（大店法）が施行される。これによってスーパーの出店は困難になり、スーパー各社は新業態の開発を余儀なくされた。ここで登場したのがコンビニという新業態であり、しかも中小小売業との共存共栄を図るためにフランチャイズ・チェーンとして組織化された。

　しかし、大店法の規制の厳しさは、日本に進出しようとする外国の小売業にとって大きな参入障壁になっていた。このことが国際問題化し、次第に規制が緩和されていき、1994年（平成6年）には1,000平方メートル未満の出店が自由化された。

　ただ、自由な競争はよいことだけでなく、問題点もある。そこで、2000年（平成12年）6月に大規模小売店舗立地法（大店立地法）が施行された。大店法は中小小売業の保護が目的であったが、大店立地法では店舗周辺の生活環境の保護が目的とされた。店舗周辺の、交通、騒音、公害などへ十分に配慮した業態を開発しなければならなくなった。例えば、大店立地法成立前の大型小売店では周辺道路の渋滞などが問題になっているが、成立後の大型小売店では敷地内の長い誘導路の中で渋滞が発生し、渋滞の列が周辺道路にまで及んでいないなどの違いがみられる。

　最近では、大店立地法と、都市計画法、中心市街地活性化法をあわせて「まちづくり3法」とよぶようになっている。この三つの法律を統合的に運用し、街づくりという観点から、大型店の在り方が考えられるようになってきている。

❖

した業態技術の革新は「消費の大衆化」といわれる。すでに第3章でみたように、1930年（昭和5年）創業のキング・カレンが最初のスーパーマーケットである。こうしたスーパーの大きな特徴として、セルフサービス方式があげられる。このセルフサービス方式によって、顧客は自分の好きなように商品を手に取って調べたり、あれこれと比較検討したりと、自由な雰囲気の中で買い物ができるようになった。そしてこのセルフサービス方式によってコストを削減し、セルフサービスの自由さや大量の広告で消費を刺激するというのが「消費の大衆化」といわれる所以である。しかしセルフサービス方式を実現するためには、実にさまざまな工夫があることも忘れてはならない。第3章でみたとおり、セルフサービスが実現されるためには、まず商品はすべてパッケージ化されていて、規格、品質、包装などが標準化されていて、店員の助けがなくても来店客が自分ひとりで買い物できるような状態になっていなければならない。こうした技術もこれまでの小売店にはなかったもので、スーパーという業態を誕生させた業態技術であったといってよいだろう。

　また第4章でみたディスカウント・ストア（以下DSとする）も、やはりそれを支える業態技術がある。DSの名のとおり、安売りする店というのが消費者から見える部分ではあるが、その裏の部分では、安売りを実現するさまざまな業態技術がある。第4章にみたダイソーのような100円ショップ、SPAなどのアパレルの低価格店などもDSの一種であるが、安くて品質の良いものを仕入れるために、生産技術にまで踏み込んで、低価格と品質のバランス（トレードオフ関係）を変革するノウハウをもっているのである。また、同じくDSの一種に、商品カテゴリーを絞って、その商品カテゴリー内での圧倒的な品揃えと、大量仕入れによる低価格化を実現するカテゴリー・キラーという業態がある。玩具のトイザらスやスポーツ用品のスポーツオーソリティなどが有名である。これらカテゴリー・キラーにおいても、プライベート・ブランド商品を積極的に開発し、生産技術にまで踏み込んで価格と品質のトレードオフを解消する技術をもっている。DSは単なる安売り店ではなく、こうした業態技術のパッケージなのである。

　コンビニエンス・ストアがさまざまな業態技術のパッケージであることは、本章の事例の部分でも、あるいは第3章でもみたとおりである。またコンビニのさまざまなノウハウは、本書の随所で紹介されている。また業態技術と一口にいっても、百貨店の場合のような建築技術もあれば、スーパーの場合の標準化の技術、セルフサービス方式のような販売のノウハウ、DSの場合の生産技術、コンビニの場合の情報処理の技術や、物流の技術など、実にさまざまなものがある。ユニークな業態

> Column 6 – 2

小売の輪理論

　小売業態の変化を説明する代表的な理論に「小売の輪理論」がある。新しい小売業態は低価格を武器にして参入してくることが多い。しかし、それが消費者に受け入れられて業容が拡大するに従って、参入当初は必要のなかったさまざまな管理コストが必要になる。例えば売り場の拡大のための費用、支店を出す費用、支店を束ねる本部の運営費用などが考えられる。参入当初は安売りを武器にしていた小売業態も、高コストになり、より利益率の高い商品を扱わざるを得なくなり、次第に高価格化（マークアップ）していく。こうなると、安売りを求める消費者の需要を満たす業態が存在しなくなり、そこに新たな安売り業態の参入を促す空白地帯ができるというわけである。

　つまり、①安売りを武器にした参入、②高価格帯へのマークアップ、③低価格帯に空白ができ、④新たな安売り業態の参入と、小売の業態変化は①から④が、まるで輪が回るように繰り返されるというのが小売の輪理論である。

　ただ、小売の輪理論で説明される現象は、逆のパターンも考えられる。つまり高価格帯で参入した業態が、時間がたつにつれて、低価格帯に移行するというパターンである。一般的には、高価格でもいいので高水準の品質やサービスを望むという消費者よりも、中程度の価格で中程度の品質やサービスを望むという消費者のほうが多い。そこで高価格で参入した業態も、より多くの需要を求めて低価格帯へと移行することが多い。こうなると高価格で高品質の商品を求める需要を満たす業態が存在しなくなり、そこに新たな高価格業態の参入を促す空白地帯ができるというわけである。

　このように低価格帯だけでなく、高価格帯でも、消費者の求めるニーズに応える業者が存在しない空白部分（真空地帯）に吸い込まれるように、それに応える新業態が登場するという考え方を「真空地帯理論」という。

技術の開発こそが、新たな業態の確立につながるのだ。

4 おわりに

　本章では、小売業態は、業態技術のパッケージであるということを確認した。そして、その業態技術のパッケージとしての業態技術の確立は、それまでにはなかった新たな消費スタイルを可能にするという意味で、社会を変えていくものでもある。

　百貨店の場合の消費の民主化にしても、スーパーマーケットの消費の大衆化にしても、それは消費者が求めたというよりも、百貨店ができたことで消費が民主化されたのであるし、スーパーマーケットができたことで消費が大衆化されたのである。コンビニの場合の、消費の即時化も、コンビニが登場したことで初めて可能になった消費行動である。それは、消費者が求めたというよりも、コンビニ側が提案したものだ。また第8章で紹介するとおり、新たな業態技術としてのインターネット技術が、新たな業態を日々生み出しているのを、読者も目の当たりにしているのではないだろうか。インターネット技術によって、これまで考えもしなかったような買い物の形が、日々新たに実現されていく。結局、消費者に認められて、業態として定着するような小売の形態というものは、新しい需要を切り開き、新しい消費行動を生み出すことに成功した形態なのである。

　もちろん、小売業がどんな業態を提案しても、それが消費者に受け入れられなければ成立しないわけであるから、小売業の提案だけで業態が成り立つわけではない。しかし、どちらが先かといえば、やはり小売業からの業態の提案のほうが先なのである。

　こうした新業態の提案こそが、小売競争のきわめて重要なポイントになっている。そして、業態というのは業態技術のパッケージであるから、業態技術の開発抜きでは、新業態の提案も行うことができない。新しい業態技術を開発することができるかどうか。そしてそれが消費者に受け入れられ、新たな需要を切り開けるかどうか。これこそが小売競争の最大のポイントなのである。

？考えてみよう

1. よく行く小売店を思い浮かべてみよう。そのお店のどんなところが、なぜ気に入っているか考えてみよう。

2．そのお店の気に入った点を実現するには、どんな業態技術（ノウハウや工夫）があるか考えてみよう。
3．そのお店に新たな商品やサービスを追加するとしたら、どんな業態技術が必要になるか考えてみよう。例えば、よく行くコンビニに、中古本を置くとしたら、どんな業態技術が必要になるか考えてみよう。

参考文献

石原武政・池尾恭一・佐藤善信『商業学』（新版）、有斐閣、2000年
田島義博・原田英生編『ゼミナール流通入門』日本経済新聞社、1997年
鈴木安昭・田村正紀『商業論』有斐閣、1980年
矢作敏行『現代流通』有斐閣、1996年

次に読んでほしい本

石原武政『商業組織の内部編成』千倉書房、2000年
高嶋克義『現代商業学』有斐閣、2002年
矢作敏行『コンビニエンス・ストア・システムの革新性』日本経済新聞社、1994年

第7章

小売を支える
ロジスティクス

1　はじめに
2　物流の役割と主要機能
3　物流の補助機能：その発展とロジスティクス
4　しまむらのロジスティクス
5　おわりに

1 はじめに

　インターネット通販で注文した商品が届いた日を思い出してみよう。小売店頭で買った時とはまた異なる喜びがあるだろう。注文がどれだけ便利になってもモノが手に入らなければその価値はない。物流は、社会的に重要な活動である。とはいうものの、普段から「物流は社会で重要な活動だ」という実感はあまりないかもしれない。物流の大切さに気づくのは、大地震や集中豪雨に襲われた時ぐらいだからだ。そういう非常事態になってはじめて、われわれは「商品がない」という現実に直面し、物流の大切さに気づかされる。

　前章では、物流や情報通信技術が、現代の小売業態を支える重要な業態技術であることを議論した。そこで本章は、物流活動を統合的に管理するロジスティクスという考え方に焦点を当てて理解を深める。そのうえで、ファッション商品を扱う小売業の事例を取り上げて、小売業態とロジスティクスの関係を学ぶ。

2 物流の役割と主要機能

❖ 物流の役割と位置づけ

　物流は、商品をトラックで運んだり、倉庫に保管したりする活動である。これらの活動は、流通論の用語では輸送機能、保管機能とよばれ、物流の主要機能に位置づけられる。主要機能と関連して、商品を運ぶ前に箱に入れたり（包装）、荷物を動かしたり（荷役）、どの商品を動かすかを指示したり（情報）する業務は、補助機能とよばれる。

　これらの物流活動は、一般的に取引（仕入・販売）の後に行われることが多かったため、流通論において物流活動は「取引の後工程」だとか「取引の後始末」だと認識される傾向にあった。しかし、小売業態という視点から物流活動をとらえ直す

ことで、こうした認識は変わりつつある。この認識の変化を理解するためにも、まずは物流に関する2つの主要機能と3つの補助機能の内容を確認し、ロジスティクスという概念を理解する。

❖❖ 輸送機能と輸送機関

　第1の輸送機能は、ある地点から別のある地点まで荷物を移動する活動である。現在、国内輸送の多くは、トラックで行われている。全国に道路網がはりめぐらされ、高速道路網も拡充されたことで、荷物は全国各地へ1～2日以内に届けられるようになった。長距離輸送では大型トラックが拠点間輸送で活躍し、都市内では小型トラックが小回りを利かせて1日に複数の店舗へ納品している。店舗面積が狭くて商品在庫を保管できないコンビニは、トラックによる多頻度小ロット配送を行うことで、商品の品切れを防いでいる。

　歴史を振り返ると、トラックが主要な輸送機関になったのは20世紀後半からである。それ以前は、海運や鉄道が輸送機関として使われていた。江戸時代には西廻り航路の開発や江戸と大坂を結ぶ航路の発展にもあるように、海運（船）は当時から重要な輸送機関であった。また、明治時代になると鉄道が全国にはりめぐらされ、蒸気機関車による貨物輸送が始まった。これにより、内陸の都市間の輸送も活発化した。

　20世紀後半にはもう1つ重要な輸送機関が物流システムに組み込まれた。それは航空機である。航空輸送は荷物を迅速に運ぶことができる。北海道や九州の漁師が朝に獲った魚が、その日のうちに東京に届くのは航空輸送のおかげだ。なかには、空港内に魚の加工場を設け、注文に応じて高級料理店に直接魚を届ける商業者も出てきた。航空機は国境を越えて魚を運ぶこともある。地中海で水揚げされたクロマグロを夜のうちに飛行機に乗せれば、翌日には東京に届く。こうしてみると、航空機は腐敗しやすい商品や高価な商品を運ぶのに適した輸送機関だといえる。

　日本国内の輸送機関をみると、自動車（トラック）が最も多く使われている。2011（平成23）年には48億5,700万トンの荷物が日本国内で運ばれたが、そのうちの90％以上がトラックによる輸送であった。近年は、電子商取引の増加により、荷物の小口化が進むとともに、宅配便で運ぶ荷物の量が急激に増えている。自動車に続く輸送機関は船舶、鉄道、航空機であるが、それらの割合はきわめて少ない。

❖ 保管機能と倉庫

　第2の保管機能は、生産と消費の間の時間的なズレを調整する役割を担う。保管機能は、単に商品を貯蔵する活動だけではなく、貯蔵している商品を物理的に管理し、商品の価値を維持する活動を含んでいる。こうした保管活動を実際に行う施設が「倉庫（物流センター）」である。

　保管機能は、「冷蔵倉庫」の登場によって飛躍的に高まったといわれている。冷蔵倉庫は摂氏10度以下の低温で商品を保管するので、商品の腐敗や品質の劣化を防ぐことができる。特に、気温が高くなると溶けやすくなるチョコレート菓子は、冷蔵倉庫が増えたことによって夏場でも流通するようになった。また、アイスクリームやクリスマスケーキなどは計画的に生産し、冷蔵倉庫に保管しておくことで、一時的に急増する需要に対応できるようになった。

　このように商品の保管に重点をおいた倉庫は「貯蔵倉庫」（在庫型センター）とよばれる。これに対して近年は「流通倉庫」（通過型センター）が多く活用される傾向にある。流通倉庫は、商品を一時的に保管するだけでなく、流通加工などの追加的な活動を行う施設である。

3　物流の補助機能：その発展とロジスティクス

❖ 包　　装

　第1の補助機能である包装機能（荷物の形を整えること）は、物流の出発点となる。生産ラインからバルク（裸のままの）商品が出てくるところで生産活動が終わり、その商品を包装すると小売店頭まで続く物流活動が始まるからだ。しかも、商品を包装して運びやすい形に整えると、その後の物流活動が効率的に進められるようになる。

　卵（鶏卵）は一般家庭やレストランで欠かせない食材である。鶏卵はそのまま運搬すると途中で割れてしまうおそれがある。1955年（昭和30年）頃までは、も

みがらを詰めた木箱に入れて卵を輸送し、小売店ではそれを紙袋に詰め替えて販売していた。しかし、木箱はかさばって重いものだったので、木箱に代わる容器の開発が求められていた。

1965年（昭和40年）頃からは、立てた鶏卵の半分がはまるようなくぼみのついた硬質ポリ塩化ビニル（PVC）製の「卵パック」が登場した（現在ではアモルファス・ポリエチレン・テレフタレート（A-PET）製の卵パックが使われている）。この卵パックが物流で使われるようになると、産地で洗浄・乾燥・選別された鶏卵が数個ずつパックに詰められ、軽く封をされた後、小売店に運ばれて、店頭でそのまま販売されるようになった。

卵パックのような包装技術の革新は、物流過程から重い木箱をなくし、荷物の形を変えずに卵を運べるようにしたので、物流の効率性を高めたといえる。しかも小売店では、卵を詰め替えたりせずにパックのまま販売できるようになった。そのおかげで、セルフサービスを行うスーパーが卵を大量に販売するようになった。

❖ 荷　役

第2の荷役（「にやく」または「にえき」と読む）機能は、倉庫内外で荷物を運搬する活動である。荷役の役割は輸送や保管といった主要な物流機能をつなぐことであり、荷役なくして物流機能同士を結びつけることはできない。そのため、荷役は主要な物流機能を支援する重要な役割を果たしている。

とはいえ、荷役は過酷な労働であった。昔は船で運んできた商品を荷揚げしたり、倉庫から商品を出し入れしたりする作業は、すべて人の力に頼って行っていたからだ。荷役を担当する作業員は、荷物を自分の肩に乗せて運ぶため、関節や腰を痛める人が多かった。しかも、足下が狂って転倒したり、荷物の下敷きになったりする怪我も絶えなかった。そこで、特に日本では、人間の腕や肩に頼った荷役をなくすことを目指して、荷役の機械化による省力化が進められた。

生産者の工場から卸売業者までの間、商品は大きなロットで運ばれる。このとき、ユニット・ロードという荷役原則にもとづいて荷物が扱われる。ユニット・ロードとは、何らかの荷台や容器などを用い、複数の荷物をひとまとめにして1つの貨物にしたものを運搬する考え方である。実際には、「パレット」という荷物台の上に段ボールに入った荷物を積み上げ、そのパレットをフォークリフトで運搬する方法が採られている。

> **Column 7-1**

倉庫における荷役の革新

　倉庫は商品を保管しておく施設である。倉庫のなかでは、作業担当者が工場や取引先から届いた商品を棚に入れたり、店舗や顧客からの注文に応じて商品を出したりする荷役活動を行っている。

　昔は卸売業者に注文が届くと、作業担当者が倉庫の棚から商品の入った箱（例えば1箱に24個の缶詰が入った段ボール箱）を取り出して、その箱のまま、小売業者に届ければよかった。ところがコンビニエンス・ストアの増加に伴って、卸売業者の倉庫には1商品当たり1～2個の小ロット注文が多く届くようになった。そうなると、作業担当者は商品の入った箱をあけ、注文書に書かれた数の商品を取り出して、輸送用の箱に入れ替えて、トラックまで運ぶ必要が出てきた。こうした荷役でミスを減らし、物流精度を高めるために、さまざまな革新が行われてきた。ここでは2つの革新を紹介しよう。

　1つめはデジタル・ピッキング・システム（DPS）である。DPSは、商品の保管棚にデジタル表示器を取り付けておいて、注文ごとにどの棚からどの商品をいくつ取り出すかをコンピューターから作業担当者へ指示する仕組みである。この仕組みが導入されたことにより、作業担当者は注文された商品を間違いなく必要な数だけ取り出せるようになり、物流の精度が飛躍的に向上した。

　2つめはロボットの活用である。近年、電子商取引の急激な増加により、ネット通販専用の物流センターを開設する企業が増えてきた。例えば、家具やインテリアを販売するニトリは、物流センター内の荷役に最先端のロボット自動倉庫を導入した。ロボット自動倉庫は、消費者からの注文を受けるとロボットが自動的に商品を取りに行ってくれる。荷役担当者は手元に運ばれてきた商品を指定された数量だけ取り出し、出荷用の箱に入れて、梱包するだけでよくなった。同社にとってロボット導入の初期投資は大きいものの、数少ない従業員で大量の注文にミスなく迅速に応えられるようになった。

（参考文献）ロジスティクス用語辞典編集委員会（編）『基本ロジスティクス用語辞典〔第3版〕』白桃書房、2009年；『Material Flow』2016年5月号、同年9月号

　卸売業者から小売業者までの間、商品は小分けされて、小さなロットで運ばれる。卸売業者がパレットの荷物をばらして運搬することになるが、ここでも機械化が進んでいる。段ボール箱に詰められた荷物は、ベルトコンベアやソーター（自動仕分

け機）という運搬機械を使って自動的に運ばれる。段ボール箱から個々の商品を取り出す場合は手作業にならざるをえないが、デジタル・ピッキング・システムを使うことで荷役作業が効率化されている。小分けされた商品は、トートボックス（通い箱）に入れられ、ベルトコンベアやカゴ台車に載せられて倉庫内を移動する。近年では、倉庫への荷物の出し入れや荷物の移動を自動化した「自動倉庫」も普及しており、倉庫内の機械化が進んでいる。

　現在、倉庫での荷役作業をみると、人間が重い荷物をかついでいる姿をあまりみかけることはない。昔のような肉体労働が少なくなったのは、荷役にさまざまな機械・設備が取り入れられ、作業が省力化されたからである。

❖ 情　　報

　第３の補助機能は情報機能である。物流に関する情報は、顧客からの注文を受け取ってから、顧客の手元に商品を届けるまでの間のいたるところで発生する。これらの情報は物流活動の進行に合わせて収集・管理され、顧客からの注文に間違いなく応えられるように処理されなければならない。

　そうはいっても、顧客からの注文どおりに商品を届けることは意外に難しいことである。卸売業者の場合、顧客は数百〜数千件もあり、それぞれの顧客からの注文内容は多いときには数万件にも及ぶ。これだけ多くの注文があると、作業員の誰かがうっかり注文番号を見間違えたり、注文と違う商品を棚から取り出してしまうミスも起こってしまう。

　そこで、こうしたミスを発生させないために「情物一致」という考え方が取り入れられている。「情物一致」とは、注文（情報）と商品（物）を一致させることである。「情物一致」を実現させるためには、注文に合わせて商品を取り扱うように作業員の業務を管理しなければならない。そのため、多くの企業は物流情報システムをとおして作業員に指示を出すとともに、人間が行った作業の結果に間違いがないかを情報機器（検品スキャナーなど）で確認するようにしている。このように物流情報システムと情報機器を活用することで、作業員の作業ミスをなくし、情報と物が常に一致するような状況をつくり上げているのである。

❖ ロジスティクス

　ここまでは5つの物流機能を別々にみてきたが、現実には物流機能が個々に独立して機能しているわけではない。個別に進化してきた物流機能が新たに情報技術と組み合わされることで、物流機能全体をまとめて統合的に管理する考え方が広まってきた。それがロジスティクスである。
　ロジスティクスは、それぞれの物流機能をうまく連携させて、店舗や顧客に対してより高い物流サービスをより低いコストで生み出そうとする考え方である。これまでの説明でもみたように、商品の包装技術が高まって荷物の形が整うと荷役の効率が高まる。そして、荷役が効率よく行われると、輸送や保管機能も連動してスムーズに動くようになる。しかも、これらすべての機能を注文情報に合わせて動かすことができれば、物流全体に無駄がなくなり、店舗や消費者が必要とする商品を確実に届けられるようになる。
　このようなロジスティクスの考え方をうまく取り入れた小売企業の1つが、株式会社しまむら（以下、しまむらとする）である。以下では、しまむらの物流機能とロジスティクスについてみていこう。

4　しまむらのロジスティクス

❖ しまむらの設立と成長

　しまむらは、おもに女性や子供が日常生活で使用する衣料品を販売する小売企業である。1953年（昭和28年）に埼玉県で設立されたしまむらは、当初から、セルフサービスやセントラルバイイング（集中仕入れ）を順次導入し、チェーン・オペレーションを実施する体制をつくっていった。そのため、店舗数は年々増加し、2018年（平成30年）2月には2,145店舗となっている。2018年2月期のしまむらの売上高はグループ全体で5,651億200万円、経常利益は439億2,000万円にのぼる。

【写真7-1　ファッションセンターしまむらの店舗】

撮影：藤田健

　しまむらの主力業態である「ファッションセンターしまむら」は、郊外の幹線道路沿いやショッピングセンターに立地する1,000平方メートル（約300坪）程度の比較的小規模な店舗である。各店舗は婦人服、紳士服、子供服、寝具・インテリアといった商品群を取り扱い、常時4〜5万アイテムを品揃えしている。店舗での在庫は基本的に1アイテム2着までとなっており、商品が売り切れても一部の実用衣料を除いて追加発注をしない。その代わりに新しい商品が仕入れられ、次々と新しいデザインの服が陳列される体制となっている。

　しまむらは商品を自社生産せず「返品なし」の仕入れを徹底しているので、メーカーから安値で仕入れられる。そのため、主要ターゲットの主婦層には価格への抵抗感を与えず、気軽に商品を買ってもらえるような価格設定がなされている。ただし、近年は低価格を売りにするだけではなく、ファッション性の高い商品や機能性のある商品の取り扱いを強化している。

❖ しまむらの物流

　しまむらの強みは安売りだけではない。多品種・多アイテムの低価格商品を少量ずつ扱っても、十分な利益をあげる仕組みをつくっていることも強みである。その強みを支える主要な仕組みが物流である。

　しまむらが扱う多品種・多アイテムの商品は、ほとんどすべてメーカーから仕入れたものである。しかも、中国で生産される商品が8割を占めるので、商品の輸送にはかなりのコストがかかってしまう。そこでしまむらは、中国から日本の店舗まで、低コストで商品を届ける物流の仕組みをみずからつくり上げた。

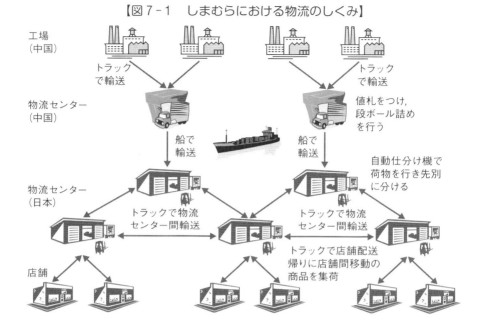

【図7-1　しまむらにおける物流のしくみ】

　図7-1をもとに、しまむらの商品の流れと物流活動をみてみよう。しまむらは、取引先の生産拠点からの商品をいったん中国（上海と青島など）の物流センターに受け入れる。ここで商品は品質チェックや値札つけを経て、店舗別に段ボール箱に詰められて、日本行きのコンテナに入れて船で日本へ送られる。

　日本国内にあるしまむらの物流センターでは、中国から届いたコンテナを開けて、行き先別に段ボール箱を仕分けする。物流センターは荷役のためのベルトコンベアや高速ソーター（自動仕分け機）を備えており、少ない人員で大量の商品を処理できるようになっている。

　行き先別に仕分けされた段ボール箱は、トラックに載せられて、日本各地の物流センターを経由して店舗へ運ばれていく。店舗に商品が届く時間帯は早朝である。こんな時間帯に商品を届けるのは、来店客の少ない時間帯に品出しをして、客数の多い時間帯に商品をすべてそろった状態にするためである。

　このような物流活動はバラバラに行われているのではない。しまむらは、中国から日本の店舗までの物流活動をロジスティクスという考え方に基づいて管理している。そのため、しまむらは中国から日本中の店舗へ、商品1個当たり平均59円で運べるようになった。日本国内で郵便はがきを送っても62円かかるのだから、し

まむらがいかに低コストな物流の仕組みをつくり上げているかがわかるだろう。

❖ 店舗間移動の仕組み

しまむらの物流の強みは、コストが低いことだけではない。物流を活用して高い利益をあげる仕組みがあることも、同社の強みである。その仕組みは店舗間移動とよばれており、ある地域で売れ残った商品を、他の地域の店舗へ移動するものである。

店舗間移動が高い利益を生み出すのは、ある地域で売れ残った商品であっても、ニーズのありそうな地域に運んでいけば定価で売り切ることができるからである。しかも、しまむらの物流コストはきわめて低いため、店舗間で商品を移動してもほとんど利益を減らすことにはならない。

このような店舗間移動が可能になるのは、しまむらの本部でコントローラーとよばれる担当者が、すべての商品をアイテム別・サイズ別・色別に単品管理する体制を整えているからである。例えば、ある商品がＡ店で完売しているのにＢ店で残っている場合、コントローラーがコンピュータ上でＢ店の商品をＡ店に移す指示を出す。すると、商品は輸送トラックの帰り荷として物流センターに持ち帰られ、前述の物流の仕組みを使ってＡ店に届けられる。

しまむらは、こうした「店舗間移動」をこまめに行って商品を売り切るため、値下げによる利益のロスが少ないといわれている。具体的には、一般的な総合スーパーの値下げロス率は平均11〜12％といわれるが、しまむらのそれは５％にとどまる。

しまむらはロジスティクスという考え方を取り入れて物流全体を管理し、低コストの物流活動を実現し、しかも利益を削ることなく商品を売り切る力を手に入れた。その結果、同社は低い粗利益率にもかかわらず、物流費を抑え、値下げロスを減らすことで利益を増やすことに成功しているのである。

❖ 小売におけるロジスティクス

店舗や消費者への商品供給を行う物流は、小売業にとって不可欠な機能である。そして、物流機能を別々に考えるのではなく、物流機能を統合的に管理するロジスティクスという考え方を取り入れることが、低コストで高い物流サービスを生み出

> Column 7-2

サードパーティー・ロジスティクス

　本章で取り上げたしまむらは、自社でロジスティクスを管理していた。一方で、ロジスティクスを外部の企業にすべて任せる考え方もある。それが、サードパーティー・ロジスティクス（3PL）である。

　ここでいうサードパーティーは、ある企業のロジスティクスに関与する3番目の企業（3rd Party）ととらえればよい。荷主企業（例えば、メーカー）をロジスティクスに関与する1番目の企業（1st Party）だとすれば、2番目の企業（2nd Party）は実際の物流活動を行う物流企業、例えば、輸送業者や倉庫業者となる。そして、3番目の企業が「3PL事業者」である。この3PL事業者が、荷主企業のロジスティクスをすべて引き受け、荷主企業の物流活動を取り仕切る。

　荷主企業からみた3PLは、「自社のロジスティクスに関する業務のすべてを、戦略的に外部の事業者に委託すること」を意味する。荷主企業が3PLを導入すると、自社で物流業務をしなくても済むようになる。その結果、荷主企業は、①自社のコア・コンピタンス（中核能力）に経営資源を集中させることができ、②物流活動を専門とする企業に高い物流サービスを提供してもらえるうえに、③物流費の管理が容易になるので、効率的な企業経営ができる。

　それに対して、3PL事業者は「荷主企業に効率的なロジスティクス改革を提案し、ロジスティクスに関する業務を包括的に受託すること」として3PLに取り組む。3PL事業者は荷主企業との3PLの契約時には大きな投資が必要となるものの、長期的な受託契約を結ぶことができるため、収益が安定する。荷主企業と3PL事業者の双方に企業経営上のメリットがあるため、3PLを取り入れる企業が増えている。

参考文献：湯浅和夫『物流とロジスティクスの基本』日本実業出版社、2009年

す要点であることが理解できただろう。

　こうした現実をみると、伝統的な流通論が「取引の後工程や後始末」だととらえていた物流とは、違った姿がみえてくる。小売業態を維持するためには物流機能が不可欠であり、ロジスティクスという考え方を取り入れなければ、店舗を展開し、効率的な運営ができない。つまり、ロジスティクスという考え方は小売業態を成立・発展させる前提条件となる、重要な業態技術なのである。

5 おわりに

　この章では、物流の役割、物流機能の内容とその技術革新、そしてロジスティクスという考え方をみてきた。この章で学んだことは、以下の３点である。
　第１に、小売を支える物流は、単に商品の輸送・保管機能を指すだけではない。包装・荷役・情報といった補助機能も重要な役割を果たす。
　第２に、補助機能の発展により商品の取り扱いが容易になるとともに、物流機能を統合的に管理するロジスティクスという考え方が普及した。
　第３に、ロジスティクスは、小売業態の発展を支える重要な業態技術である。

? 考えてみよう

1．あなたの知っているアパレル小売店をひとつ取り上げ、「物流」というキーワードを加えて、ネットで検索してみよう（例：ユニクロ　物流）。そして、その企業がどのような物流活動をしているか、本章で学んだコンセプトを使って整理し、その企業の強みを考えてみよう。
2．上記１．で調べた企業（例：ユニクロ）の物流活動を、本章で取り上げたしまむらの物流活動と比べてみよう。どのような共通点・相違点があるのかを考えてみよう。
3．もし、包装か荷役の機能がなかったら、ロジスティクスはどうなるだろうか。何か１つの物流機能が抜けた状態で、ロジスティクスが実現できるかどうかを考えてみよう。

参考文献

市来清也『倉庫概論』（改訂版）、成山堂書店、1988年
月泉　博『ユニクロvsしまむら』日本経済新聞出版社、2009年
茂木幸夫・山本　敏・太田静行『ぜひ知っておきたい食品の包装』幸書房、1999年

次に読んでほしい本

角井亮一『アマゾンと物流大戦争』NHK出版、2016年

齊藤　実『物流ビジネス最前線：ネット通販、宅配便、ラストマイルの攻防』光文社新書、2016年

信田洋二『セブン‐イレブンの「物流」研究：国内最大の店舗網を結ぶ世界最強ロジスティクスのすべて』商業界、2013年

第8章

インターネット技術と新しい小売業態

1 はじめに
2 アマゾンの成長とインターネット技術
3 インターネット技術による新しい業態の登場と商取引
4 おわりに

1 はじめに

　インターネットを通じて買い物をしたことがあるだろうか。インターネットを利用して、商品・サービスの売買契約や決済を行う取引を電子商取引（Electronic Commerce：EC）という。ECには、企業間の取引（Business to Business：B2B）、企業と個人の取引（Business to Consumer：B2C）、そして、個人間の取引（Consumer to Consumer：C2C）がある（**Column 8 - 1**）。

　日本におけるB2Cの市場規模は年々拡大し、2016年（平成28年）には15兆円（EC化率5.43％。すべての商取引のうちでEC取引の占める割合のこと）を超えるまで成長している（図8-1）。2016年（平成28年）には、B2Cの代表企業であるアマゾンジャパンが1兆円を超える売上をあげ、日本における小売業の売上ランキング第6位に登場する（表8-1）など、実店舗を持たないインターネット通販企業が、われわれとの商取引において大きな存在となり始めている。

　このようなEC市場の拡大の背後にあるインターネット技術と新しい小売業態の誕生について、本章ではアマゾンの事例を通じて学んでいく。

【図8-1　B2C EC市場規模とEC化率の推移】

出所：経済産業省「電子商取引に関する市場調査」2017年

> Column 8 - 1

C2C取引とエスクロー機能

　EC（電子商取引）は、B2B、B2C、C2Cの3つに分類できる。個人間で商品を売買するC2Cは、インターネットが登場したことで大きく成長した市場である。個人間の取引では、取引される商品の多くが中古品となる。日本で、C2Cの市場をけん引している企業に、ヤフオクとメルカリがある。

　C2Cの市場は、個人間で取引することから、売り手の信用、商品の受け渡し、決済に関して、取引上の課題がある。ヤフオクやメルカリは、買い手が売り手との取引終了後にお互いを評価（とても良い⇔非常に悪い）することで相手の信用を担保する仕組みをつくりあげている。決済についても、第三者預託（エスクロー）という仕組みを取り入れている。これは、一旦、仲介業者（ヤフオクやメルカリ）が買い手から支払代金を預かり、買い手が商品の到着を通知してから、売り手に代金を支払う仕組みである。売り手と買い手の取引成立に向けて、一旦、第三者が決済資金を預かり、取引成立後に売り手に支払うというエスクローは、アメリカでは、不動産取引でも活用されている。

　売り手と買い手が直接、顔を合わせるわけではなく、匿名で取引を開始するインターネット上での個人間の取引は、信用を担保する仕組みが必要である。取引実績（結果）をお互いが評価する仕組みや、仲介業者が決済に関与する仕組みが、C2C取引を活用する消費者の安心をもたらし、それが市場の成長につながっているのである。

【図8-2　EC市場の分類】

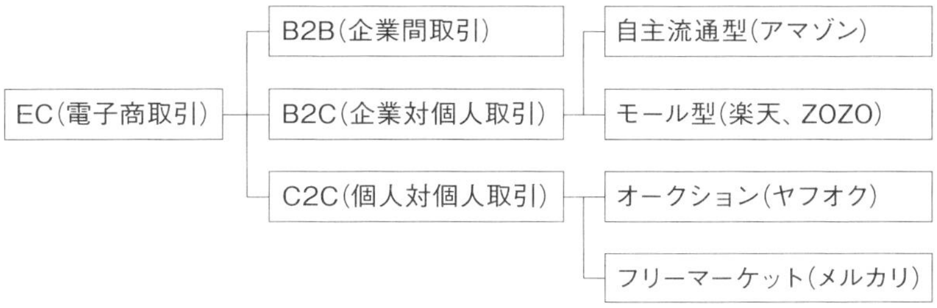

```
                    ┌─ B2B（企業間取引）      ┌─ 自主流通型（アマゾン）
                    │                          │
EC（電子商取引）─────┼─ B2C（企業対個人取引）─┼─ モール型（楽天、ZOZO）
                    │                          │
                    └─ C2C（個人対個人取引）─┬─ オークション（ヤフオク）
                                               │
                                               └─ フリーマーケット（メルカリ）
```

【表8-1　小売企業の売上高ランキング（2016年）】

1	イオン
2	セブン＆アイ
3	ファーストリテイリング
4	ヤマダ電機
5	三越伊勢丹
6	アマゾンジャパン
7	Ｊ．フロント　リテイリング
8	髙島屋
9	エイチ・ツー・オー
10	ユニー・ファミリーマート

出所：『日経MJ』2017年6月28日

2　アマゾンの成長とインターネット技術

❖ ジェフ・ベゾス（アマゾン創業者）はなぜインターネットで書店を始めたのか？

　1995年（平成7年）7月、アマゾン・ドット・コムが、書籍のインターネット通販企業として、アメリカで誕生した（日本サイトのオープンは2000年（平成12年））。従来、無店舗販売の代表といえば、カタログ通販であったが、アマゾンはカタログ通販をインターネット通販に置き換えるのではなく、インターネット上でこれまで存在しなかった無店舗販売をしようとして創業したとされる。アマゾンがネットで書籍を扱うことを祖業としたことについて、ジェフ・ベゾスは以下のような理由をあげている。

- 書籍は、扱う書店によって価格やコンテンツの異ならない商品である。書店は品揃えによって競争してきた。
- 出版されている書籍の数は非常に多いものの書店の棚という制限がある。書籍は、棚の制限のないインターネットに相応しい商材であった。つまり、品揃えの制約がなかった。

- 書籍は形に大きな違いがないため、物流面（保管、在庫管理、梱包など）で扱いやすかった。また、破損のリスクも小さい商品であった。
- 衣料などと異なり流行による浮き沈みが小さく、食品のように賞味期限があるわけではない。長時間かけて販売することに適した商品であった。
- 従来までのカタログ通販で書籍は扱われてこなかった。

出所：ブラッド・ストーン、2014年

　インターネットの登場、普及を機に、無店舗販売の可能性は大きく拡がり始めている。例えば、消費者が店舗へ行くまでの時間、距離（空間）だけではなく、商品に関するさまざまな情報を事前に探索するコストが大きく引き下げられたのである。当初、インターネット上の通販は、音楽ソフトやチケット予約といったデジタル化に向いた商品でのみ普及すると考えられてきた。その一方で、腐りやすい生鮮食品や単価の低い最寄品、実物に触れたり試着の必要な衣料品については、物流コストや消費者の買い物行動の特徴から普及は限定的であると考えられてきたのである。

　インターネット通販で市場シェアを拡大するアマゾンは、書籍をインターネット上で広く品揃えすることからスタートしたわけだが、次第に文具などの最寄品、家電、衣料品、そして、昨今では生鮮食品（Column 8 - 2）まで取り揃える総合通販企業に成長している。しかも、その市場シェアは、アメリカのEC市場で4割に達し、日本市場でも1割を超えている。EC市場において、目覚ましい成長を続けるアマゾンの事例を通じて、インターネット技術による商流、情報流の革新、そして物流への投資について触れていこう。

❖ ワンクリック（買い物のしやすさを追求）

　インターネット通販とカタログ通販の大きな違いの1つは、消費者が商品を購入する際の手間（時間）にある。カタログ通販の場合、手に入れたカタログから購入希望の商品を注文用紙に記入して郵送するわけであるが、注文した商品の在庫があるのかどうかは事前にわからず、しかも注文から商品到着まで時間がかかる。一方、インターネット通販は、この手間を大きく改善している。まず、インターネット上に掲載された商品は在庫状況が開示され、注文から決済までが、その場で完結する。アマゾンは、これを一度のクリックで済ませてしまうワンクリック注文という買い物方法を取り入れたことで知られている。このワンクリック注文は、ビジネスモデ

Column 8-2

エブリシングストア

　アマゾンはインターネット書店にとどまらず、日用品、玩具、医薬品、家電、衣料品、そして、インターネット通販には不向きであるといわれてきた生鮮食品にまで、サイトで販売するカテゴリーを拡大している。もともと、インターネットはデジタル化の容易な商品で進行するものの、物販では物流コストがかさむことから限界があると考えられてきた。しかし、今日では、アマゾン創業者のジェフ・ベゾスが「エブリシングストア(何でも売るお店)」を目標に掲げているように、従来はネット通販にとって扱いが困難であると考えられていたカテゴリーの商品も取扱いが始まっている。

　アマゾンがさまざまなカテゴリーに対して取扱いを拡大したことで、実店舗を運営する小売企業の業績悪化を招くという現象が、アメリカ市場で生じている。「アマゾン・エフェクト」という現象である。アマゾンが商品を取り扱い始めることで、そのカテゴリーの市場シェアは奪われ、実店舗の閉店や破綻が余儀なくされた。それだけ、消費者の買い物行動が、実店舗からEC市場にシフトしているわけである。

　では、アマゾンが、取扱いカテゴリーを次々に拡大できるのはなぜだろうか。当然のことながら、書籍や日用品、衣料品、食料品には、それぞれの取扱い技術がある。アマゾンは、物流業務の自動化、省力化だけではなく、取扱い技術の障壁を取り除くことにも投資をしている。例えば、アマゾン・フレッシュで生鮮食品を扱うために、鮮度を維持するための温度帯別倉庫を建設するだけではなく、高級食品スーパーであるホールフーズを買収することで店舗網(商品の実物展示と受け取り拠点)だけではなく、食品の取扱い技術を手に入れたのである。

　アマゾンは、取り扱いカテゴリーを拡大する中で、ECで取り扱う場合に不足する部分は何か、それをどのように補完していくのかを考えて、次の成長戦略を練っているのである。今後のEC市場の行方を知るうえでも、アマゾンの動向に注目していくことが必要である。

ル特許を取得し、アマゾンの商取引の特徴の1つとなっている。
　ワンクリック注文とは、アマゾンに、住所、氏名、クレジットカード番号をあらかじめ登録した会員は、画面上の1clickボタンを押すだけで、配送までの注文が完了する商品購入のシステムである。この取引を最初に発明したことで、ネットで

商品を購入することの手間を最小限にすることに成功したのである。

アマゾンの会員となることで、消費者は通販サイト上でみつけた商品を購入する際、面倒であった住所の入力やクレジットカード番号の入力が省かれ、ワンクリックで商品購入を完結することができる。このことが繰り返しアマゾンの通販サイトを利用する動機づけとなるのである。

❖❖ 商品選択時の不安を解消するレコメンデーション機能とカスタマーレビュー

インターネット通販企業は、利用者の購買履歴データを収集することで、次の商品購買や類似する購買履歴の消費者の購買を促している。誰が、いつ、何を購入したのかをデータで蓄積することで、ある商品を購入した消費者が、次に何を探し、購入する可能性が高いのかを予想することができる。関連付けられたデータに基づき、登録されたEメールアドレスに、定期的に顧客の関心や趣味に関連するレコメンデーションメールを送付することで、アマゾンは、われわれに次の商品の購入を促しているのである。過去の購買履歴や閲覧履歴を収集して、ターゲットとする顧客や購買履歴の類似する顧客にレコメンデーションメールを配信する仕組みが取り入れられているのである。収集されたデータによるレコメンデーションメールの配信、その配信された消費者の閲覧、購入に至る反応までをデータベース化することで、効果の検証を繰り返し、機能の精度向上を図っている。このようなレコメンデーション機能を積極的に活用する点にインターネット通販企業であるアマゾンの強みがある。

このことに加えて、アマゾンでは、消費者が購入した商品に関する印象や感想をネット上に記載するカスタマーレビューが採用されている。インターネット上でのカスタマーレビューの採用は、アマゾンが最初だとされている。商品の未購入者が、アマゾンの通販サイトのカスタマーレビューで点数化された星の数や口コミを閲覧することで、商品の使い勝手や購入に関する生の声を情報収集することができる。カスタマーレビューは、実際に手に取ることができない商品の探索や購入前の不安を小さくすることに役立つ仕掛けとなっている。

実店舗であれば実際に商品に触れることや販売員に尋ねることで解消できる商品選択時の不安を、インターネット通販企業であるアマゾンは、カスタマーレビューによって解消しているのである。

❖ 物流への投資

現在でもアマゾンが、倉庫や物流ロボットに大きな投資を継続していることからも、EC市場において物流の役割が大きいことが想像できるであろう。アマゾンは、書籍を扱うことからスタートとしたわけだが、EC市場において、物流への投資が必要不可欠であることに早くに気づき、特に物流倉庫における省力化・省人化を実現している。

インターネット通販では、消費者が自宅に居ながらにして商品情報を探索し、購入できる利点があるものの、商品配送を物流業者に依存しなくてはならない。配送スピードと配送コストがインターネット通販にとっては、大きな課題となる。

アマゾンは、膨大な在庫を自社倉庫に保管することによって、消費者が注文してから配送するまでの時間（リードタイム）を短縮している。さらに、インターネット通販で消費者が負担に感じる配送コストを「無料」とした。それはインターネット通販での買い物は配送料が無料になる金額まで「まとめ買い」することが必要になるという消費者の負担感があったからである。

というのも、もともとECでは、商流と物流が分離していることから、顧客宅までの配送コストが課題であったからだ。アマゾンで注文した商品は、物流倉庫内で棚出し、梱包、出荷ラベルの貼付、行き先別仕分け、出荷のプロセスを経て、私たちの手元に配送される。ここには、本来、多くの作業が必要となるはずである。アマゾンは、自社倉庫を抱えることで、これらの作業を自動化し、極力、人の作業による属人的な部分を省き、効率性と低コストを実現できた。自動化への投資は、商品受注が増える繁忙期において、作業人員数の確保のためのコストを抑制する効果がある。図8-3のように、アマゾンの商品出荷は、倉庫から家庭までの配送のみを外部委託し、その他の物流業務を自社倉庫内で行うことで、倉庫内業務の省力化

【図8-3　アマゾンの物流】

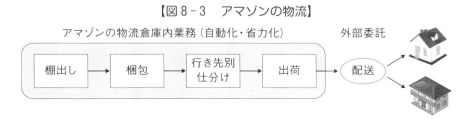

を実現したのだ。物流業務の効率化は、アマゾン利用者の増加に伴う出荷量の増加に対応するだけではなく、外部委託の配送業者に対する配送料単価の引き下げの交渉力となっているのである。

　すなわち、配送料無料化の背後には、アマゾンが物流倉庫へ投資し、自動化、省力化による効率化と取り扱い量を拡大したことがある。また、アマゾンの収益源は、物販だけではない。アマゾン・ウェブ・サービス（AWS）というインターネットで必要なサービスをクラウド経由で提供することで利益をあげている。これが配送コスト削減の原資にもなっている。

3 インターネット技術による新しい業態の登場と商取引

　アマゾンに代表されるインターネット通販企業の成長は、私たち消費者の購買行動に大きな影響を与えている。また、実店舗を所有する小売企業にとっても、インターネット専業の通販企業の存在を無視できない時代に入ったといえよう。インターネット技術による新しい業態の登場は、商取引のあり方をどのように変えたのだろうか。

❖ インターネットでの情報検索と消費者の購買行動

　これまで商品の売り手である小売企業は、消費者に店舗を選択してもらうための来店動機を、チラシの配布や売り場面積の拡大による豊富な品揃えによって刺激してきた。消費者は、店舗イメージに応じた店舗選択を行い、商品を購入してきたわけである。しかしながら、インターネットの普及によって、消費者が事前に情報検索を行うことを前提とした店舗選択やネット完結型の購買行動が誕生したのである。消費者の収集する情報には、SNS（FacebookやTwitter）や利用者による評価（カスタマーレビュー）などの口コミ情報が増え始めている。また、実店舗で実際の商品を手に取る、あるいは試着し、購入はインターネットで価格を比較して注文をするといったショールーミングという購買行動も出現している（表 8-2 を参照）。インターネットは、消費者の商品探索の世界を、スマホの端末の中に集約し、情報探索の質を向上させているのである。

【表8-2　ネットと実店舗での情報探索と消費者の購買行動】

		情報探索	
		インターネット通販	実店舗
購入	実店舗	ネットで調べ、店舗で購入	店舗完結
	ネット	ネット完結	店舗で調べ、ネットで購入（ショールーミング）

❖ インターネット通販によって商取引はどのように変わったのか？

　ECの登場は、実店舗では避けて通れなかった地理的・時間的な制約、そして売り手に有利な情報の非対称性を解消している。実店舗での商品販売では、商圏という地理的な制約があり、商圏内に位置する店舗間の集客競争が繰り広げられる。別のいい方をすると、商圏外の小売店舗は、競争相手としては外れてしまうわけである。一方、EC市場では、売り手の所在地は関係なく、小売企業すべてが競争相手となりうる。しかも、インターネット上では同一商品の価格は容易に比較できることから、売り手の信用、評判、商品情報の詳細な開示が購入先選択の決め手となる。このようにECでは、空間的な制約がないため、全国の消費者を顧客とすることができる可能性がある半面、売り手の競争も全国規模、ときにはグローバルとなり、商品販売はより低い価格を設定できるもののみが、消費者に選ばれ、生き残るのである。先に述べたように、アマゾンが利益の大半を値引きや無料の配送料の原資に充てているのも、ECでの競争がそのような特徴をもっているからである。

　しかも、EC市場は消費者の買い物時間の制約も解消している。実店舗が営業時間の制約を課されているのに対して、インターネット通販は24時間365日開店することができる。情報検索、在庫状況の閲覧は、（インターネットにつながりさえすれば）いつでもどこでも可能である。

　一般に、インターネット通販企業の在庫は、実店舗を有する小売企業よりもはるかに多いといわれる。インターネット通販企業が豊富な在庫を所有できるのは、巨大な倉庫を在庫スペースとしていること、短期間に売り切ることを販売の戦略として採用していないことがあげられる。インターネット通販企業の場合、販売数量の小さい商品ですら在庫を所有し、長い時間をかけて販売することが可能である。これによって、アマゾンは「地球上で最大級の品揃え（Earth's Biggest Selection）」を実現しているわけである。

　最後に、ECの利用による商品の引き渡しと物流について触れる。インターネッ

第 8 章　インターネット技術と新しい小売業態

トの普及は、消費者が実店舗まで足を運ぶことなく、商品の閲覧、情報の収集や価格比較を容易にした。しかしながら、実店舗であれば、購入と同時に、商品が手に入るわけであるが、インターネットでは購入してから商品が届くまでの配送コストと配送時間が必要となる。すなわち、インターネット通販の場合は、EC空間が、商流、情報流、資金流の結節点となるものの、消費者の商品受け取りは物流に依存しなければならないのである。インターネット通販企業の場合、その商品配送を支える物流機能が成長戦略に欠かせない理由がここにある。例えば、ゾゾタウンを運営する株式会社ZOZO（旧株式会社スタートトゥデイ）は、自社で物流倉庫を所有し、ゾゾタウンに出店するアパレルの商品を倉庫で一部預かり委託販売を行うこと

【写真 8-1　スマホからでも買い物ができる】

takayuki/Shutterstock.com

【表 8-3　インターネット通販と実店舗における取引様式】

	実店舗	インターネット通販
品揃え	店舗面積に制約	地球上で最大の品揃え
展示方法	実物展示	デジタル画像
時間	営業時間内	24時間365日
商圏（空間）	地域市場	グローバル（越境EC）
在庫	売れ筋に限定（在庫切れ）	ロングテール（売上の小さい商品も在庫）
価格比較	消費者の行動範囲に制限	比較が容易
販売促進	チラシ、ポイントカードなど	レコメンデーション、カスタマーレビュー
商品の引き渡し	購入と同時	物流に依存

❖

で、売上に応じた受託手数料を得て成長している。倉庫に保管している商品は、一部を除いては、買い取るわけではないので在庫リスクを抱えることがない。保管や梱包までを自社で行い、配送は外部の物流業者を利用している。商流と物流機能の一部をゾゾタウンが担い、最終的な配送だけを物流業者に任せているのである。

表8-3は、ここまでみてきたインターネット通販と実店舗の取引様式を図示したものである。

❖ インターネット技術による欲望創出と新しい業態の誕生

インターネットの登場やその技術の進化は、商品を購入する以前の情報検索を容易にした。一方、インターネット通販企業は、商品の購買履歴や閲覧履歴をデータとして蓄積し、関連商品をメールアドレスに通知することで、次の需要を喚起している。消費者の側からみれば、インターネット空間は、消費者の欲望発見の場であり、売り手であるインターネット通販企業の側からみれば、消費者の欲望創出の場である。インターネット通販企業は、単に商流、情報流、資金流をネット上で結節しているだけではない。消費者の情報探索や商品を比較することの楽しさを提案し、未知の商品との出会いや欲望創出を行っているのである。実店舗で味わうことのできる買い物の楽しさが実物展示や店舗の雰囲気に基づくものであるのに対し、インターネット通販企業の買い物の楽しさは、消費者が商品情報を探索したり、価格を比較することによって得る発見に基づくものである。消費者の得る商品情報は、小売企業側から発信されるものだけではなく、商品を利用したユーザーからの評価も加わる。第6章でも触れたように、新しい業態の誕生は、新しい業態技術のパッケージとして現れる。インターネット通販企業の場合、実店舗における時空間的制約、情報の非対称性をインターネット技術によって解消し、消費者が商品情報を、ネット上の評判も含めて、探索・比較することで、発見する買い物の楽しさを提供する場として、業態は誕生している。

このように、われわれの生活に入り込み、利便性に富んだインターネット通販であるが、物流面では大きな社会問題も生じさせている。近年のインターネット通販の急拡大で、その配送を引き受ける物流企業の荷物量が急増し、配達を時間内に終えることができない状況が生み出された。宅配ドライバーの過酷な仕事量が社会問題にまでなった。新しい業態であるインターネット通販企業の成長が、物流によって支えられていることを、われわれは理解しておく必要がある。

4 おわりに

　インターネットの普及、スマートフォン利用者の増加が、ECの市場規模を拡大させている。本章では、アマゾンの事例を通じて、インターネット技術による情報流の革新、商流と物流の分離と消費者の情報探索、そしてインターネット通販企業の成長に不可欠な物流について触れてきた。インターネット技術によって支えられているインターネット通販企業の取引は、実店舗での取引と、何がどのように変わるのだろうか。消費者はスマホを通じて情報の探索や比較を楽しみながら、インターネット空間で欲望の発見をしている。一方、インターネット通販企業は、EC市場を欲望創出の場としている。インターネット通販企業という新しい業態は、新しい業態技術のパッケージとして誕生し、新しい欲望の創出を行っているのである。

　そして、ECの市場は、本章であげたB2Cだけではなく、ヤフオクやメルカリなどC2Cの市場でも新たな業態が急成長している（再び、Column 8-1を参照）。インターネット技術は、私たちの生活空間の一部となり、ECは時間や場所を選ばず、取引できる環境を与えてきた。これからも情報流の革新につながるような、新たなインターネット技術が登場することで、インターネット通販はさらに進化していくだろう。商流、物流、情報流、そして資金流という流通論の視点から、インターネット通販企業をみることで、その業態としての新しさや抱える課題がどこにあるのかが、より深く理解できたであろう。

❓ 考えてみよう

1. 買い物においてインターネット通販の利用は増えているだろうか。増えている人は、どんな商品の購入で増えているのか、増えていない人は、なぜ利用しないのかを考えてみよう。
2. インターネット通販でよく購入する商品と実店舗でしか購入しない商品をあげてみよう。それぞれにどのような商品特性の違いがあるかを考えてみよう。
3. インターネット通販の拡大が、実店舗に与える影響を考えてみよう。その際、ネット通販が実店舗から顧客を奪うという側面だけではなく、共存する可能性はないかも考えてみよう。

参考文献

梅田望夫『ウェブ進化論：本当の大変化はこれから始まる』ちくま新書、2006年

角井亮一『アマゾンと物流大戦争』NHK出版新書、2016年

ブラッド・ストーン『ジェフ・ベゾス 果てなき野望—アマゾンを作った無敵の奇才経営者』日経BP社、2014年

次に読んでほしい本

田中道昭『アマゾンが描く2022年の世界：すべての業界を震撼させる「ベゾスの大戦略」』PHP文庫、2017年

アンドレアス・ワイガンド『アマゾノミクス：データ・サイエンティストはこう考える』文藝春秋、2017年

第9章

小売を支える卸

1　はじめに
2　生産と消費の間に介在する卸の位置付け
3　卸の役割
4　卸売流通の多段階化と機能代置
5　小売を支える卸 「コスモス・ベリーズ」
6　おわりに

1 はじめに

　卸売業者の姿を見たことがあるだろうか。卸売業者は何をしているかを知っているだろうか。多くの人が、具体的にはどのような企業が存在して、どのような業務を行っているのか、すぐには答えにくいであろう。卸売業者はときには問屋とも呼ばれるが、そのイメージは、「業者向けに販売を行っていて、なんとなく値段が安い」というのが、一般的なものであるだろう。それに比べて、小売業者といえば、誰もがすぐに思いつく。セブン-イレブン、イオンモール、ヤマダ電機、大丸百貨店、マツモトキヨシなどは、多くの消費者がよく知っているだろうし、実際に購買経験をもったことのある企業であるだろう。本章では、小売業者に比べて一般的にはイメージしにくい、この卸売業者を紹介する。

　まず、卸売業者が何を行っているのか、その役割は何か、なぜその役割が必要かを考える。小売業に種類があるのと同様、卸売業にも種類がある。ここでは特に、小売を支えるという点での卸売業者に焦点を絞り、解説するものとする。

2 生産と消費の間に介在する卸の位置付け

　まずは、ざっくりと卸売業・卸売業者というものを理解しておこう。卸売業者は、一般的には消費者から遠いところに存在している。ここでいう、「遠い」とは、何を意味するのか。それは、端的にいえば物理的に、そして認知的に接触が少ないということである。

　物理的に遠いというのは、最終消費者にとって直接的に購買する先は、小売業者であって、卸売業者に買い物に行く機会がほとんどないことである（図9-1）。消費者に対して商品を販売する小売業者は消費生活場所の近隣に立地して、普段の生活の中で消費者と接触する場面が多くなる。しかしながら、卸売業者については、法人企業相手の取引（B2B取引）が中心であり、最終消費者の近隣立地は必ずしも必要ではない。むしろ、取引業者に近い場所に立地することのほうが便利な場合

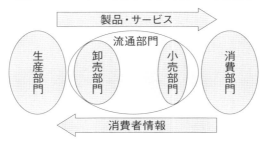

【図9-1　生産と消費の間に介在する流通】

　もある。ここで、卸売業者にとっての取引先とは誰であろうか。それは販売先となる小売業者や他の卸売業者であり、仕入れ先となる生産者などである。この両方の取引先を有するが故に、小売業者により近い場所に立地する消費地問屋とよばれる卸売業者もいれば、生産者に近い場所に立地する産地問屋とよばれる卸売業者、そしてこれらをつなぐ結節点に立地する仲継ぎ問屋とよばれる卸売業者が登場することとなる。卸売業者は、小売業者の背後に位置取りをして、さらには流通部門の中で多段階化して存在しているのである。

　認知的に接触が少ないということは、製品を買うときのことを考えればよくわかるだろう。例えば、海外の製品やサービスを入手しようとしたときにはどうするだろうか。まさか現地までわざわざ買いに行くことは（めったに）ない。近所の小売店にあれば、そこで買う。それで十分だからであって、その小売店がその製品をどこから仕入れてきたのかにはあまり興味をもたない。それが信頼できる有名ブランド品やナショナル・ブランド（NB）商品であれば、なおさらである。最終消費者にとっては、どこの流通経路を経由してきた製品かということよりも、むしろどこで受け取るのが便利なのか、どのような製品・サービスが自分の満足度を高めるか、ということのほうがはるかに重要なのである。それ故、製品を直接受け取る小売業者の立地場所や小売店舗でのサービスが重要になってくるのである。したがって、消費者にとっては、小売に比べて卸売に関心が向けられる必然性は、ほとんどなかったのである。

　これらの特徴から、小売業者に比べて卸売業者に出会う場面は圧倒的に少ないし、しかも店舗もそれほど多くはないのでその姿を見ることもできず、卸売業者は消費者から物理的にも、認知的にも遠いところに位置し、イメージとしてもなかなか湧きにくいのである。

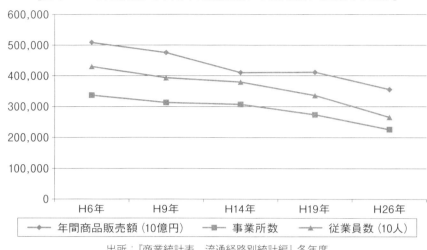

【図 9 - 2　卸売業計でみた年間販売額、事業所数、従業員の推移】

出所：『商業統計表　流通経路別統計編』各年度

　このような卸売業者の実態として、この20年間でその数や販売額などが減少してきていることが指摘できる。しかも長い間、問屋無用論や卸売排除論が唱えられている。ただ、そういう中にあっても、まだ約22万の卸売業者が存在していることが図 9 - 2 から明らかである。これは、一般的な商業統計表（総括表が一般的で、それによれば2014年で38万2,354事業所ある）からではなく、2 次加工された流通経路別統計編から採っている、それは、このデータこそが実際に稼働している卸売業を抜き出して再集計しているからである。確かに、その認知度に比べて、またいくつかの数字では減少傾向にあるとはいえ、必ずしも卸売業者の存在は小さなものではないのである。最終消費者にとってはほとんど関心がおかれないこの卸売業者が、なぜ存在し得たのであろうか。減少傾向にあるとはいえ、依然として多くの製品などが卸売業者を経由して最終消費者に届けられてきているのはなぜであろうか。さらに考えてみよう。

3　卸の役割

　卸が、普段の生活からはイメージしにくい位置にいることがわかったが、卸は流

通活動には不可欠でもある。そこで、ここではどんな役割があるのかを考えよう。

　生産の特徴から製品種類ごとに異なるノウハウが必要であり、多様な複数製品を同時に生産することは困難である（同じものをまとめてつくったほうが効率的である）。したがって、多くの場合は単品生産となり、生産者は消費地に近接するというような空間制約に縛られる必要もなく、「生産の都合」で空間的にも分散立地することとなる。

　一方、小売業は生産とは異なり、ニーズが多様で、いつ発生するかわからない消費に適応する必要があるので、複数製品の品揃えが必要になる。それも消費者の購買力に制約があるので、相対的には広く浅いか、狭く深い品揃えでの対応となる。さらに消費者の買い物行動の便宜性から、消費者に近いエリアへの立地が求められることとなる。つまり「消費の都合」によって、小売業者は品揃えや立地行動をとることとなる。

　卸売業者は、この「生産の都合」によって行動する製造業者と、「消費の都合」によって行動する小売業者という、性格が異なる2者間に介在する。そして、直接的には結び付きにくい生産と小売をつなぐ役割を果たすこととなるのである。卸売業者が果たしてきた役割は表9-1に整理される。

　例えば、卸売業者の最たるものは総合商社であるが、この総合商社の品揃えは広範囲に及び、「カップラーメンからミサイルまでを取り揃え、扱わないものはない」と揶揄されたこともある。総合商社あるいは専門商社とよばれる卸売業者は、世界中をくまなく探索して、消費者が求める製品を仕入れてくる。その情報収集力は、世界中の国々に位置する大使館や領事館よりも優れているとまでいわれたこともあ

【表9-1　卸売機能表】

品揃え形成機能 (需給接合機能)	生産者の大量生産志向と小売業者の多品種少量販売のマッチングのために、品揃え形成（取り揃え、仕分け、集積、分配）を行う。
情報伝達機能	生産、消費、さらには小売部門間の情報の整理、統合とその伝達のスムース化。
危険負担機能	製品の売れ残りや、その代金回収にともなう危険を負担する。つまり製品の仕入れと販売のタイムラグによるリスクを保証する。
物流機能	製品の保管、在庫、包装や流通加工、配送の実施。
金融機能	生産者や小売業者に資金を融通するなど製造や仕入れが始められるよう支援する。
リテール・サポート機能	上記5つの機能について、個別の小売業者の経営活動に寄与するように行われる小売業向け諸活動・システム構築。

Column 9-1

商人としての中世冒険家や幕末の志士

　ヴァスコ・ダ・ガマ、コロンブス、マゼランは、皆世界を探検して回った冒険家である。コロンブスは1492年にアメリカ大陸を発見。ヴァスコ・ダ・ガマは1498年にアフリカ喜望峰回りのインド航路を発見。マゼランは西回りインド航路を発見すべく、南アメリカを経て太平洋へ出て、1521年に亡くなったが、残った船団が1522年に世界一周を達成。彼らは、世界を舞台とした大冒険家であり、危険を冒して新航路や新天地を求めた。

　しかし、そこには王室や貴族、そして貿易商会など資金援助をするパトロンが必要であった。このパトロンのために香辛料や香料の原産地を確保し、絹織物、砂糖、ワインなどの製品の売買先を求めて世界中を巡るというもう1つの役割もあったのだ。また、資金提供者のためだけではなく、彼ら自身もまた商売人として各地を巡り、製品・商品を仕入れ、各地で販売するという取引を行っていた。一攫千金ではないが、大きな危険を冒して、その見返りに大きな利得を得るという点でベンチャー企業であったのだ。

　日本における幕末の志士ともいえる坂本竜馬もまた、1865年（慶応元年）薩摩藩の援助の下、長崎で亀山社中を設立。この亀山社中は、いわば日本における貿易商社の出発点のようなものであり、物資運搬の運輸業、貿易の仲介、船の回送、銃器の斡旋等を行った。当時、対立関係にあった薩摩・長州両藩を実利で結びつけ、1866年には薩長同盟成立の基盤をつくり、その後、亀山社中は土佐藩後藤象二郎の尽力で、土佐藩づき商社であり海軍教育施設としての海援隊へと変遷した。それは、まさしく近代的な株式会社に類似した組織形態を持ち、いわゆる商事会社のような諸活動を行う組織であった。日本における大きな政治の局面の背後に、このような商人活動に似た組織の動きがあった。ヨーロッパであれ、日本であれ、商人たちの動きが経済面だけではなく、社会全体さらには国全体を動かす基盤であったことは興味深い。

る。つまり、表9-1の卸売機能表にある役割を、最も効果的かつ効率的に卸売業者が遂行してきたということなのである。

　しかしながら、近年これらの諸機能のいくつかに特化した専門的流通業者の登場により、従来卸売業者によって遂行されてきた諸機能が他の流通業者に代替されるようになってきた。それは、第1に、ヤマト運輸や佐川急便、そして倉庫業者など

の物流業者である。これらの参入により卸売業者が物流機能を遂行する部分が減少してきたのである。また、第2に、クレジット会社や各種金融機関の発展により危険負担機能や金融機能も、これらに取って代わられてきている。そして、第3に、通信技術の革新的向上と環境整備により、IoT（Internet of Things：何でもインターネットでつなぐことで新たな価値が生まれること）が当たり前になってきた現代社会では、情報伝達機能もまた卸売業者が果たすにはその優位性において劣ることとなり、情報関連専門業者に取って代わられている。

　それでは、卸売業者が依然として流通段階に介在しているのは、どういう機能を遂行しているからであろうか。それは、取り扱う製品の品揃えを個々の小売業者にとって有効的、価値創造的なものとして提供する役割を果たしているからである。それらは「リテール・サポート機能」とよばれる。リテール・サポート機能とは、文字どおり、卸売業者が小売業者を支援する役割のことであり、表9－1に示されている上段の5つの機能を小売業者向けに高度に行うこと、そしてさらには小売業者の経営支援にまでコミットする（積極的にかかわる）ことである。それにより小売業者の業績を向上させ、その結果として卸売業者みずからの業績の向上を目ざすものである。現代では、多様化・複雑化した消費者ニーズへの対応がきわめて困難となってきている。そのような流通を取り巻く環境下にあって、モノづくりを進める生産者への支援はもちろんのことではあるが、むしろ小売業者、それも中小零細規模の小売業者を支えることが卸売業者の果たすべき役割の主軸になってきたのである。

4　卸売流通の多段階化と機能代置

　ここで注意すべきことは、制度体組織（つまり会社）としての卸売業者は流通段階から排除されるとしても、卸売機能（役割）は排除されない、ということである。したがって、卸売流通機能に着目して、卸売流通を考えることは、1つの有効な視点であるだろう。この機能に着目すると、卸売流通段階における組織間では、専門分化することにより機能代置が生じてくることが指摘できる。誰かが、ほかの誰かが果たしていた機能を肩代わりすることで流通経路上に現れてくる、ということである。これは他者に比べて、費用であれ、品揃えであれ、機能遂行において差異的

> Column 9-2

江戸時代の商人は問屋

　「水戸黄門」や「将軍吉宗」などの時代劇やテレビドラマに商人が登場することがある。この商人たちは、もっぱら一生懸命に生きている町民や農民を苦しめる悪代官と結託して人びとを苦しめる悪徳商人として、である。もちろん、人びとに善行を施す商人も登場するが、人びとを苦しめる悪代官と結びついた悪い商人としての設定が、ある種の定番のように多くみられる。江戸時代には、士農工商という身分制度が存在したにもかかわらず、商人が威勢を有していたのは、大きな資金力があったからだ。江戸は、徳川幕府のおひざ元であり、多くの情報や物資が集中し、また多数の人びとが住んでいた。また、参勤交代制度により、江戸には常時多くの武士が集まってきていた。それにより一大消費市場が形成されたのである。こういった中で、経営資源であるヒト、モノ、カネ、情報を集中化させ、大店（おおだな）・豪商と呼ばれる商人が登場してきた。テレビ番組の時代劇には、必ずといってよいほど、油問屋〇〇屋、米問屋〇〇屋、回船問屋〇〇屋、そして両替商〇〇屋という大きく商売を営む商人が登場する。そして、これらはすべて名前どおり問屋・卸売業者だったのだ。

　では、小売業者はどうだったのか。現在の三越伊勢丹ホールディング傘下の三越伊勢丹百貨店に繋がり、三越百貨店のルーツである三井越後屋呉服店などは力をもった商人であった。しかし、それは一部であり、江戸時代における小売業者の多くは天秤棒を担いで長屋に売り歩くような零細規模の棒手振り（ぼてふり）とよばれた行商が主であった。彼らは、問屋・卸売業者から製品を仕入れるだけではなく、資金を借り、リスクを負担してもらって、商売を続けることができたのだ。したがって、当時の流通経路を支配していたのは卸売業者といえる。現代はコンビニエンス・ストアや総合スーパーなどの大規模小売業者が強大なパワーを有しているが、遠い昔の江戸時代には卸売業者が流通経路を支配するチャネル・リーダーだったのだ。

優位に実行できるものに取って代わられるということである。

　機能代置が生じると、機能を新たに請け負った組織が垂直的流通経路において新たな段階を形成することとなる。それにより、流通段階は多段階化することとなる。その場合に、すでに図9-1でみたように最終消費者へ製品・サービスを届ける小売業以外の流通部分は卸売流通となるがために、卸売流通が多段階化することなる。

【表9-2 流通経路段階に基づく卸売業者の類型】

仕入先		販売先		
		生産者・産業用使用者・国外	小 売	卸 売
生産者・国外		他部門直取引卸	小売直取引卸	元卸 (産地問屋)
		直取引卸 (他部門直取引卸＋小売直取引卸)		
		第一次卸 (直取引卸＋元卸)		
卸 売		—	最終卸 (消費地問屋)	中間卸 (仲継ぎ問屋)

出所：鈴木安昭・田村正紀（1980）『商業論』有斐閣、196-199ページ、を一部加筆。

　卸売流通部門には、生産者から製品を仕入れて、卸売業者や小売業者に販売する第一次卸、卸売業者から仕入れて卸売業者に販売する中間卸、そして卸売業者から仕入れて小売業者に販売する最終卸が存在している。それは、生産地域近くに立地して製品を取集する産地卸、生産地と消費地の間に立地して製品を中継する仲継ぎ卸、そして消費地近くに立地して製品の仕分けをする消費地卸として機能しているものである。こうした機能分化や統合のプロセスは機能代置のプロセスであり、機能そのものはなくならない。それゆえに、その機能をきちんと果たしている卸は排除されないのである。このような卸売業者の分類を整理すると、表9-2のようになる。

5 小売を支える卸 「コスモス・ベリーズ」

　ここでコスモス・ベリーズ株式会社（以下では、CB社とする）の事例に基づき、卸売流通機能、特にリテール・サポート機能に着目し、この機能分化・機能代置と流通段階形成について考えてみよう。CB社は、名古屋市名東区に本部会社を置く、家電製品のボランタリー・チェーン（以下では、VCとよぶ）本部の役割を果たしている企業である。その歴史は、1971年（昭和46年）に設立された株式会社豊栄家電にルーツをもつ。当初から、いわゆる大手家電メーカーの系列店が集まり、共同仕入れのためのVC（豊栄家電FVC）が組織されていた。それを基盤に、

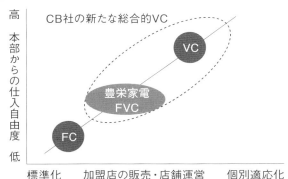

【図9-3　コスモス・ベリーズが目指す新たな総合的VC】

出所：コスモス・ベリーズ㈱の社内資料およびヒアリングに基づき、筆者が加筆修正。

　2005年（平成17年）にCB社が設立された。この際に、ヤマダ電機が51％の資本金出資を行っている。これが2008年（平成20年）には100％出資となり、現在は完全にヤマダ電機の子会社となっている。つまりCB社は、組織管理的には小売業が主宰するVC組織ということになり、このVC組織形態の本部企業となる。その基本的な捉え方は、FC（フランチャイズ・チェーン）とVCの中間から、さらに従来のVCを超える新たな総合VCともよぶべきチェーン展開企業である（図9-3）。

　図9-3に示されているように、加盟店にとってCB社本部からの仕入自由度は高く、必要な品揃え形成は担保されている。それは結果として、最終消費者への個別適応化を図ることを、加盟店に許すことにもなる。CB社は、その品揃え力を背景に表9-2にある直取引卸、第一次卸、最終卸として小売業者である加盟店に商品供給を行っているのである。

　さらに、CB社はVCが本来有する特徴や強みを活かして加盟店の生産性向上に寄与している。それは、仕入れにおいて基本的には自由度を担保し、個々の加盟店の店舗運営についての個別適応化を進めることにより進められている。それは、①定額会費（月1万円）によるサービス提供、②仕入れ量に関係なく均一の仕切り価格、③チラシや販売促進サービスなど受益者負担の原則、④ヤマダ電機のインフラストラクチャー利用（ヤマダ電機店舗のショールーム化・在庫直引き取り・配送や工事などの利用）、⑤ITによるセールス対応、⑥加盟店専用SNSによる情報交流、という5つの特徴により実現されているのである。

　特徴的なのは、写真9-1にあるように、加盟店は最寄りのヤマダ電機既存店舗

第 9 章　小売を支える卸

【写真 9-1　ヤマダ電機店頭で家電品を見る顧客と加盟店スタッフ】

写真提供：コスモス・ベリーズ株式会社

【写真 9-2　加盟店支援の販促チラシ】

写真提供：コスモス・ベリーズ株式会社

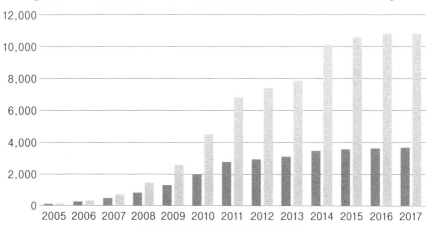

【図9-4　コスモス・ベリーズ㈱加盟店数および総店舗数の推移】

注：加盟店数は、会費口座を持ち、配送窓口をもつ企業数である。
出所：コスモス・ベリーズ株式会社内部資料およびヒアリング調査に基づき筆者作成。

に顧客と共に訪問し、その売場で展示商品を確認し、商品説明を行うことができるということである。このことにより、小売業者である加盟店は、大量の在庫をみずから有する必要はなく、ヤマダ電機の既存店舗をショールームとして活用したり、既存のヤマダ電機店舗から最終顧客への直接配送を依頼することができるのである。

　さらには、写真9-2にあげられているような販売促進の諸手段を、加盟店に対して提供している。これは、CB社が仕入本部として「規模の経済」を働かせることにより、加盟店は低コストで実践することができ、リテール・サポート機能をCB社本部が行っていることとなる。これらの諸特徴を活用して、CB社は2005年（平成17年）当初の加盟店数も総店舗数も121だった。そこから2017年（平成29年）現在は加盟店数3,687、総店舗数1万833店と大きく拡張してきている。多様多数のニーズをもった加盟店をメンバーに受け入れ、その数を増やしてきている（図9-4）。さらに近年は、加盟店が、全国47都道府県に拡がり、かつ多様な業種の加盟店が増加してきている。電気店だけではなく、今や燃料店、電気工事店、工務店、リフォーム店、EC店、不動産店、事務機器・文具店、百貨店、建材店、リサイクルショップなど、2017年（平成29年）2月末現在では80業種の加盟店を有している。

　ここまで小売業主宰のVCの本部機能会社としてCB社をみてきたが、流通経路

【図9-5 卸として流通段階に位置するコスモス・ベリーズの小売支援の流れ】

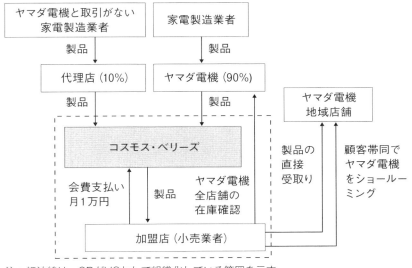

注：細波線は、CBがVCとして組織化している範囲を示す。
　　矢印は、製品、情報、会費、顧客などの働き掛けの方向を示す。
出所：『日経流通新聞』(2014年3月26日)に基づき、筆者が一部加筆

上の位置からCB社は卸売業者としての機能を担っていることがわかる。図9-5をみてみよう。CB社自身は最終消費者への小売販売することはなく、ある程度の独立性を有した加盟小売店を支えるために、仕入本部としての役割を果たしている。その中でもユニークな点として、ヤマダ電機という特定の大手小売業者を活用することにより加盟小売店の負担軽減を実現し、かつ存続・成長への支援を行っていることがあげられる。すなわち流通段階において、製造業者と小売業者の間に介在し、仕入本部としての卸売流通段階を形成し、小売加盟店への支援機能を遂行しているのである。それは、上記で確認した卸売流通機能の中で、特にリテール・サポート機能を品揃え、物流・在庫、情報の面で行い、「生産の都合」と「消費の都合」の齟齬を埋める役割を果たしているということである。

　流通段階において、ヤマダ電機と家電製造業者代理店との取引関係を維持することにより第一次卸としての製品の収集・品揃え形成機能について機能代置を行うとともに、小売段階に位置する加盟店に対して、製品の品揃え形成、在庫、運送、販売促進機能について機能代置を行っているのである。そして、CB社は結果として地域に点在する中小零細規模の小売業者を支援しているのである。

6 おわりに

　本章で紹介したコスモス・ベリーズ株式会社は、遂行機能・機能代置、そして流通段階形成という視点からは、卸売機能を遂行しながら、他の流通経路段階の機能も統合した新たな卸売業者という位置づけが適切であるだろう。しかも、それは製造業者と小売業者の間に介在し、地域に点在する中小零細規模の小売業者の支援を中核としている。大きな流れとしては、卸売業者は減退していく傾向にある中で、その将来像の1つとして、この事例が示してくれている点は興味深い。中間流通・プラットフォームとして物理的な製品の品揃え形成というよりは、情報としての品揃え形成において提案寄与し、大規模小売業者への個別適応的な支援だけではなく、中小零細規模の小売業者への支援を進めることができる卸売業者は、今後も必要とされるであろう。

　卸売業者は、「生産の都合」により制約を受ける製造業者と「消費の都合」により顧客適応を重視する小売業者の間に介在し、その齟齬を埋める役割を果たしてきた。それはときには流通段階における分化により、またある時は他の流通段階企業に取って代わられることによって実現されてきた。しかしながら、卸売流通機能、つまり供給と需要のマッチングが必要であることに変わりはない。また、消費者の生活シーンが単品ではなく、意味のある製品やサービスの取り揃えを必要とするなど消費者のニーズが複雑・多様化する現代においては、より小売段階の複雑化・適応困難化は進んでいくであろう。本章で示された小売を支える卸の必要性は、ますます大きくなっているであろう。そしてそれらの機能・役割を卸売業者が競争優位的に遂行できる限りは、卸売業者が流通段階において生存していくことはある種自明のことであるだろう。

　　＊本章の事例紹介にあたり、コスモス・ベリーズ株式会社代表取締役会長 三浦一光氏、及び同社MSM流通研究所所長 斉藤昭造氏にはヒアリング調査、資料・データ提供で大変にお世話になった。厚く御礼を申し上げたい。なお、本章における全ての誤謬は筆者の責に帰するものである。

❓考えてみよう

1. 卸売業者と小売業者は流通業者という点では同じでありながら、その違いは何になるのか考えてみよう。
2. 卸売業が経済社会において果たすことのできる役割とは何だろうか。そして、それは卸売業でなければできないことであろうか考えみよう。
3. ボランタリー・チェーンの仕入本部は、卸売機能を遂行していると考えてよいか。違うなら何が卸売機能なのか考えてみよう。

参考文献

今泉文男・上原征彦・菊池宏之『中間流通のダイナミックス』創風社、2010年

西村順二『卸売流通動態論:中間流通における仕入れと販売の取引連動性』千倉書房、2009年

次に読んでほしい本

関口壽一・三上慎太郎・寺嶋正尚（宮下正房監修）『卸売が先進企業になる法:流通の新たな機能を担え!』日刊工業新聞社、2008年

宮下正房『卸売業復権への条件』商業界、2010年

第10章

流通構造とその変容

1 はじめに
2 流通構造とは何か
3 流通構造の変化
4 流通構造の分析
5 おわりに

1 はじめに

　福井県の鯖江市はメガネフレームの産地として有名である。メガネフレームの全国出荷額は365億4,900万円で、そのうちの352億6,300万円（2015年（平成27年））を福井県が占める（2位は東京都で、3億7,900万円）。そのシェア（全国出荷額に占める福井県の出荷額の割合）は、実に96.5％になる。だからといって、みなさんがメガネを買おうとしたときに、鯖江市まで行って買うことはないだろう。鯖江で作られたメガネは、私たちの住んでいる近所でも買えるからだ。しかも鯖江のメガネは、直営店でも販売されている。

　商品は全く変わって、では、大根の生産量の1位はどこだろうか。それは千葉県で15万5,700トンの収穫量がある（2016年（平成28年））。ところが、メガネの出荷額とは違って千葉県のシェアは11.4％に過ぎない。2位は北海道（14万7,100トン）、3位は青森県（12万6,800トン）、4位は鹿児島県（9万7,300トン）で5位が神奈川県（8万8,700トン）である。46位の大阪ですら1,230トンほど収穫できるのだ。大きな大根だと平均1.2キロぐらいあるので103万本ほどになる。とはいえ、大阪府には402万6,609世帯（2018年（平成28年）5月1日現在、推計）があって、それだけでは到底足りないが、近隣の奈良県で3,980トン収穫しているから、これで十分だ。大根はメガネと違って、私たちの家の近所だけで賄えるのである。にもかかわらず、大根を自分たちで販売している生産者（農家が一般的）はそれほど多くない（産直なら羨ましい限りだ）。たぶん、大根はスーパーで買うだろう。

　流通論の課題からいえば、みるべきは、生産地から私たちの手元に届くまでのつながり方なのである。鯖江のメガネは、自分たちでつくって、自分たちで消費地に運び、そこで自分たちで販売する。一方、大根は近所で収穫できるにもかかわらず、小売店から買う。それは流通構造の違いなのである。

　流通構造とは、生産者（あるいは生産地）から消費者までの売買のつながり方のことである。どんなつながり方をするのか、その違いが結果に影響するのだ。この章は、流通構造が商品流通の成果に影響を与えることを理解する。しかし、成果への影響とは小売価格が高くなるというようなよくある理解とは異なる。流通の成果

とは、流通サービス水準を高めることだからである。以下、本章の議論は次のようになる。第1に、流通構造とは何であり、その何が重要かを確認する。それを受けて、流通構造がどのように変化するか、メガネの流通を紹介しながら考える。最後に、流通構造の見方と分析の方法を紹介しよう。

2 流通構造とは何か

❖ 流通構造

　流通構造とは、メーカー（字数を減らすためにメーカーに限定するが、産地であっても構わない）から小売店までの取引のつながり方のことである。流通は取引の連なりであるが、つながり方はいくつかのタイプがある。例えば、取引が何回も続く長いつながり方があったり、大勢の商業者と取引する広いつながり方があったりする（図10-1）。この図10-1が描いているのが流通構造の概念図である。矢印

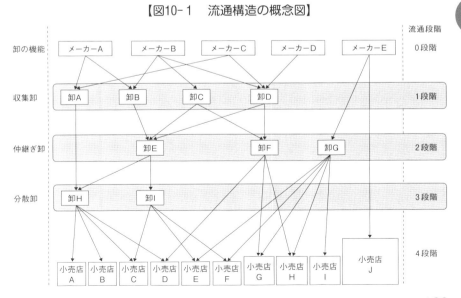

【図10-1　流通構造の概念図】

は商品の動きだと考えるとよいだろう。つながり方については、図中右端の流通段階を見てみよう。メーカーから消費者までの取引回数を表している。メーカーはまだ販売していないので0段階と考える。最初の販売を1段階と考える。取引が増えていくと段階数が増えていくことがわかる。小売店の枠の大きさは、企業規模の大きさを表そうとする苦肉の策である。

　図10-1から3つの特徴が考えられる。第1に、メーカーの取引数である。メーカーの中にはたくさんの卸に販売する企業と、少数の卸や小売店に販売するタイプがあることがわかるだろう。メーカーBは3つの卸と取引があるがメーカーEは1社としかない。前者は開放的流通構造、後者は排他的流通構造（他のメーカーから仕入れさせない）と呼ばれる。第2に、卸の仕入れ先の特徴（位置を反映している）である。卸はメーカーから仕入れるタイプ（卸Aから卸D、G）と卸から仕入れるタイプ（卸E、F、H、I）がある。前者は一次卸、後者は二次卸と呼ばれる。最後に第3として、小売店はたくさんあって、あちこちに散らばっているということである。

　小売店は2014年（平成26年）の商業統計調査で102万4,881店あることがわ

【図10-2　日本の小売店舗数】

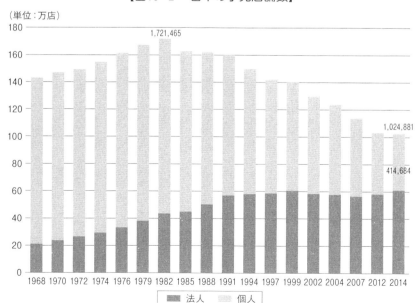

出所：商業統計表各年

第10章　流通構造とその変容

かっているが、小売店はショッピングセンターに入っているような大きなスーパー（大規模量販店とよばれる）だけでなく、わが国にはすごく小さな小売店（小規模零細店とよばれる）がまだまだたくさんあるのだ（図10-2）。小売店舗数のピークは1982年（昭和57年）で約172万店である。それから考えると激減しているとしかいえないが、個人商店とよばれるタイプが今まだ41万4,684店ある。消費者は買い物の手間（歩く距離など）が少ないほうがいいので、近くの店に行くことが多い。ということは、たくさんお店を出すことが有利になるのだ。

　一昔前は、日本の流通構造は、小規模零細な小売業が多数で、長くて細い流通構造だといわれていた。この図10-1流通構造の概念図は、取引の連なり（つまりは流通構造）には種類がありそうだ、ということを表している。

流通構造の重要性

　では、この取引の連なり方（流通構造）を知ることの何が重要か、ということが次の課題である。そこで、つぎのような主張を考えてみよう。取引が多くなると、そのたびに販売価格が上がっていき、最後、消費者の支払価格（つまり小売価格）が高くなる、という考え方である。これは、図10-3のような繋がりを考えるとわかりやすい。

　図10-3は2つの流通構造を表している。左は、現実にはほとんどないが、メー

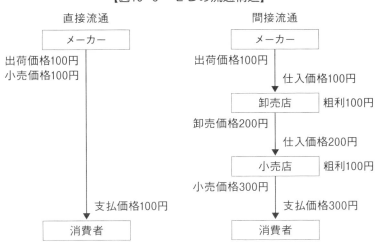

【図10-3　2つの流通構造】

> Column10-1

メーカー希望小売価格とオープン価格

　それが導入され始めた時期、1990年（平成元年以降）頃、オープン価格がよくわからない、それは何、という質問を学生からよく受けた記憶がある。それと同時に、メーカー希望小売価格もあったからである。それら2つの価格があったとして、小売店の商品の値段は何が違っているのか、ということがわからなさの内容だった。

　どちらであっても店頭の商品の値段に違いはない。例えば、32GバイトのマイクロSDメモリカードが6,300円だったとしよう。どちらにしても、オープン価格6,300円、メーカー希望小売価格6,300円と店頭では表示されて、支払い金額に違いはない。

　それならオープン価格はなぜ必要なのか、ということになる。おそらくそれこそが、本当は訊きたいことだったのだろう。違いは図10-4のようになる。

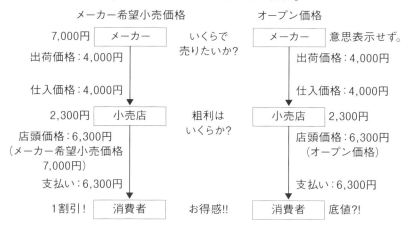

【図10-4　2つの小売店頭の価格】

　図10-4は、メーカーから出荷された商品が小売店を通じて消費者に流通していることを概念的に描いている。両方とも、メーカーは4,000円で商品を出荷している。小売店はそれぞれ2,300円の粗利を乗せて、店頭で6,300円のプライスをつける。ここまではどちらも変わらない。

　違いはここからである。消費者は6,300円を支払うとき、メーカー希望小売価格が表示されていると、消費者はいくら得したかを実感できるのだ（ここでは1

> 割引で700円得した感じがするだろう)。一方、オープン価格の場合は、それはあまりない。むしろ「これが最終の価格だよね」という、うまくいくと「あの店でこの値段なんだから」という信頼感の醸成ができるだろう。つまりは、オープン価格とは、消費者がいくら得したのかわからない価格付け(プライシング)に思えるが、商売本来の姿なのだ。

カーと消費者が直接売買でつながる流通構造である(直接流通という)。右は、メーカーから2つの商業(卸、小売)による売買を経由して商品が消費者に届く流通構造である(間接流通という)。このとき、よくある中間流通批判では、流通構造の違いによって、小売価格が異なることを強調する。次のような論理になる。

　まず、図10-3の2つの流通構造で、メーカーからの出荷価格は100円だとしよう。メーカーは100円で出荷すれば売上目標が達成できるので、誰に売っても構わない(左は消費者に販売、右は卸に販売している)。左の流通構造であれば、消費者は100円でその商品を購入することができる。一方、右の流通構造は、卸売店と小売店が入っている。この流通構造では、メーカーは100円で卸売店に商品を販売する(出荷価格100円である)。したがって、卸売店の仕入価格は100円になる。仕入価格が100円であるから卸売店は粗利100円を乗せて、小売店に販売する(卸売価格200円)。小売店は200円で商品を仕入れることになる。小売店についても、卸売店と同様で、粗利を100円乗せて販売することになる。小売価格は300円となり、右の流通構造では、消費者は300円を支払うことになる。

　この論理にしたがえば、流通構造が長くなればなるほど小売価格が高くなる。だから、中間流通(具体的には卸と小売)は省くと小売価格が安くなって消費者の得になる、という主張はわかりやすい。確かに、各商業(卸と小売)は、仕入れた商品に利益を乗せて販売をする。でなければそれら商業の利益は出ないから、この考え方の論理に間違いはない。

　しかし、重要なことであるが、小売価格はそのようには決まらないし、実際、小売価格がメーカー希望小売価格(Column10-1)よりも安い商品を、いくらでも見つけることができるから、この考えは実際的には正しくない。この事実が教えるのは、流通構造と小売価格は関係がないということである。流通構造が長くなっても、価格が高くなるかどうかは、わからないのだ。

　そこで流通構造が違うと何が違うのかを知ることが重要になる。それは、流通構造をうまく設計すると(よいつながりをつくりだすということ)、商品が早く届い

❖

たり、商品をたくさん選択できたり、遠くの国の商品を買えたりするからなのだ。これこそが流通構造の違いを知るべき重要な理由なのである。

3 流通構造の変化

　流通構造はメーカーから消費者までの取引の連なりであるが、その要素（取引に参加する主体のことで、ここではメーカー、卸、小売にあたる）のつながり方は変化する。流通構造は安定してはいるが、固定的ではないのである。というのは、新しい技術がでてくると流通コストが下がって、必要だったものが必要でなくなったりするからだ。

　そういった安定した流通構造を変化させる力の源は、第1に経営戦略であり、第2に生産や物流の技術革新と消費市場の状況である。

❖ 経営戦略の変化

　経営戦略とは、企業がどんな儲け方をするかについての（経営者の）考え方のことである。よくある経営学のテキストには、企業の将来の経営計画であるとか、どのような会社になるのかの羅針盤だとか書かれている。詳細な場合は、企業がその目的を達成するために、環境に適合する資源の使い方の設計図だとかいわれる。いずれにしても、それは会社が将来的にどうやって儲けていくのかについての考え方である。

　本章のケースで紹介する鯖江市のメガネ流通はその典型例である。かつては鯖江市のメガネフレーム会社は、つくった商品を問屋に卸し、それから小売店に流通していた。その時の経営戦略は、いい商品を生産し（チタンフレームを世界で最初に製品化した）、商業を通じて広く商品を流通させること、であった。

　ところが、海外製の安いフレームが輸入されたり、格安メガネのチェーン店が全国展開したりすることによって苦境に立たされることになった。そこで経営戦略を変更し、自社製品を開発して、自社で商品を販売し始めることになった。この場合、流通構造は3段階から0段階に変化することになる。

❖ 技術革新と消費市場の状況

　技術革新とは、これまでできていたこととは飛躍的に違うことができるようになることをいう。鉄道で考えてみれば、蒸気機関車では最高速度は202.6キロまでしか記録されていないが、電気車両になると574.8キロまで出せるようになる。リニアモーターカー（磁気浮上式とよばれる）であれば1,018キロまで出る（実験であり、ジェットエンジンを使うが。2016年（平成28年）4月現在）。鉄道車両の速度について、飛躍的に違うことができるので、それらは技術革新である。

　物流の技術革新としてトラックに代わってタンカーが使われたと考えてみよう。トラックとタンカーでは大きく2つの違いがある。第1に、海を渡って荷物を運べることである。遠い国の商品が届くようになるだろう。第2に、トラックよりも一度に大量の荷物を運ぶことができることである。1個当たりの配送コストは劇的に下がり、大量の商品を販売する仕組みが必要になるだろう。こうなると流通構造は短くなると予想される。大量の商品をまとめて仕入れられるのは大企業に限定されるからである。

　他方、消費市場の状況を考えてみよう。消費市場の状況とは、消費の規模や消費の場所や時間についての違いのことである。例えば、産地が分散していたり、1カ所での生産量が少なかったりする場合、ある程度の量を集めて運ばないと手間がかかる。この場合、流通構造には、商品を収集する卸と小売店まで運ぶ卸（仲継ぎ卸）が登場してくることがあるだろう。そうなると流通構造は長くなる。野菜の流通は一般的にこのタイプである。そして野菜の流通構造が短くなるのも、大型トラックが用いられたり、冷蔵倉庫のような技術革新が実現したときである。

　流通構造は、このように長くなったり短くなったりする。そこで、冒頭のメガネの流通をケースにして流通構造の変化の理由を考えよう。

❖ メガネフレームの流通

　メガネの始まりは、13世紀終わり頃から14世紀初頭にかけてだと考えられている。ベニスのガラス産業の発展に伴って開発されたという説が有力である。フィレンツェの貴族、サルビーノ・アルマチー（生年不詳〜1317年没）の墓に「メガネの発明者」と記されている。日本に入ってきたのは1500年頃、周防山口の豪族、

大内義隆に献上されたものが最初であるようだ。

　福井県鯖江でメガネ産業が興ったのは1905年（明治38年）のことである（厳密には鯖江ではなく、足羽郡麻市津村生野である）。村会議員も務めた増永五左衛門が、雪で農業ができなくなる冬の仕事を確保するために、大阪からメガネ職人を呼び寄せ、地元の人々を訓練したことが始まりである。

　眼鏡は精密部品によって組み立てられている。特に、フロントと呼ばれる前面部分とテンプル（耳にかかるツル）を接合するのに、小型の蝶番（ちょうつがい）と緩まないネジが必要である。初期の眼鏡はセルロイド（プラスチック）で、耐久性があまりないので内部にワイヤーを入れる必要があった。その製造技術を開発したり、蝶番とテンプルを一体化した部品を組み立てたり、鯖江はメガネフレームの技術をリードしていった。1980年代（昭和55年頃）にはチタンの加工に成功し、プレス（型抜き）、ロウ付け（溶接）、そして研磨の技術をリードし、鯖江のメガネは世界的に有名になっていった。

　販売についていえば、鯖江で作られたメガネは大阪堂島に店を構える明晶堂（橋本清三郎商店）に卸されていた。橋本清三郎商店から、商人が続々独立し、メガネもそれに伴い販路を拡張していった。1921年（大正10年）に、眼鏡卸睦会が結成され、その後、眼鏡卸同意会の編成を経て、全国展開できる規模を持った福井県眼鏡卸組合が1930年（昭和5年）に組織化された。1940年（昭和15年）には国からの指示で福井県眼鏡卸商業組合と改称し発展していった（翌年、統制経済に入って、工業組合と統合）。さらに1954年（昭和29年）には福井県眼鏡専門小売商組合が発足し、店頭での販売方法について指導できる体制が整った。

　鯖江のメガネ産業の転機は1970年代（昭和45年頃）である。高い技術力を背景に世界的に有名なブランドからオリジナルなメガネフレームの開発が依頼された。メガネのファッション化である。ところが、ブランド化の難しさは、それ故に、次々に新モデルを投入しなければならなくなって、在庫（売れ残り）が大量に出てしまうことであった。さらに、有名ブランドの契約が切れたら、売るものはローカルなブランドしかなかった。1990年代（平成2年頃）には、海外生産や格安メガネ店の増大で、苦境に立たされた。

　そこで1996年（平成8年）、ボストンクラブが南青山と銀座に直営店を出店し、自社ブランドの製品を販売し始めたのである。2003年（平成15年）には鯖江産地統一ブランド「The 291」（ザ・フクイ）を立ち上げ、2008年（平成20年）、青山にそのブランドを紹介するアンテナショップを展開した。自分たちの商品を作り、自分たちで販売をするようになったのである。それらの流通を概念的に示すと、

次の図10-5のような2つの流通構造を考えることができるだろう。

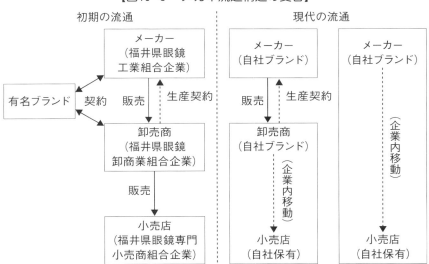

【図10-5　メガネ流通構造の変容】

4 流通構造の分析

❖ 流通構造の見方

　流通構造は、メーカーから消費者までの取引の連なりのことである。その取引にはある種の形があり、それが流通の成果を決めることが本章のケースからわかるだろう。有名ブランドの契約生産をしていたときは、小売店を通じて販売する。この時の流通構造は、メーカー ⇒ 卸 ⇒ 小売店である。

　一方、自社ブランドの直営小売事業は、生産から販売まで自分たちでしなければならないが、何が売れているかすぐにわかるので、人気モデルをタイムリーに販売することができるだろうし、売れ残りリスクも減ることが期待できる。流通構造が異なると、成果が異なるのである。ここでは、流通構造のもっとも中心的な議論である、長短とその分析方法について紹介しよう（Column10-2）。

Column10-2

流通構造の広狭・開閉

　流通構造とは、つながり方の特徴なので、長い短い以外にも判断基準が存在する。それが広狭と開閉である。図10-1でみたように、メーカーは自社製品が消費者の目によく触れるよう、たくさんの小売店に置きたいものである。その管理の程度を表すのにこの基準が使われることがある。それ故に、この広狭・開閉基準は、流通管理水準とか流通政策手法とよばれることがある。

流通構造の広狭

　流通構造が広いか狭いかは、メーカーが（特定の地域内で）何社の商業と取引をするかを表す。商業（卸や小売店）との取引数を考えればよいだろう。メーカーが取引可能な商業者全員と取引していると、その流通構造は広いと呼ぶ。流通構造が広いとメーカーは自社の商品を広く露出することができ、消費者の目につきやすくなる。これはいわば、その商品はどこでも売っている、という状態になる。広い流通構造を開放的とよぶ。取引数を限っていると選択的流通構造と呼ぶ。

　他方、狭い流通構造とは、自社の商品を取り扱う商業（卸や小売店）の数が少ないことをいう。図10-6が流通構造の広狭の概念図である。一般的にメーカーはたくさんの小売店で販売したがるので狭い流通構造は選ばれないが、次の流通構造の開閉と一緒に考えると、狭い流通構造が経営管理上重要になることがある。

【図10-6　流通構造の広狭】

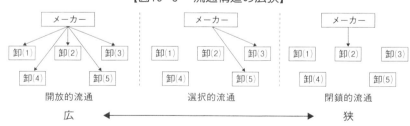

流通構造の開閉

　流通構造が開いているか閉じているかは、商業が特定のメーカーにどれだけ専属化しているかの程度のことをいう。メーカーの販売管理の程度がどの程度強いかと考えればよい。流通構造が閉じているというのは、価格の統制、販売方法の指導、そして販売先を限定させている状態である。つまり閉じた流通構造では、卸はメーカーの指定する小売店にしか販売できないことになる。閉じた流通構造

は、メーカーが自社商品の流通を管理しようとするときに採用する。取引相手を限定していれば、販売方法をメーカーのやり方に従わせやすいからである。図10-7が流通構造の開閉である。閉じている流通構造では販売先がごく一部に限定されていることがわかるだろう。

【図10-7　流通構造の開閉】

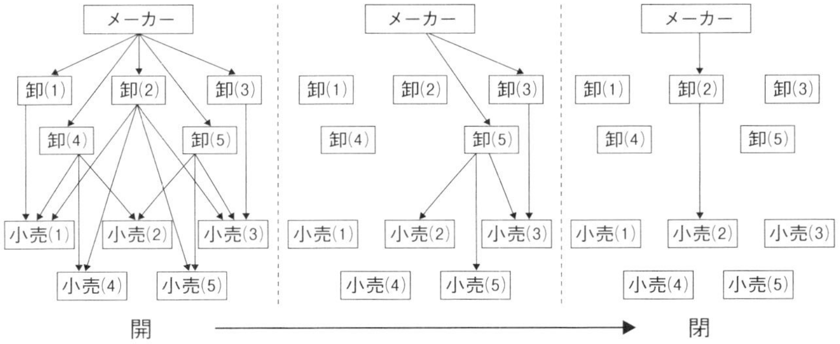

開　→　閉

メーカーは自社の製品を競合他社に対して優先的に販売したいので、この基準を用いて流通構造を管理しようとする。表10-1は、それを表している。表は次のように読む。まず縦軸は広狭基準である。これはメーカーが特定地域で取引する商業の数であった。横軸は開閉であり、商業者のメーカーへの専属性の程度である。メーカーが目指すのは、多い商業者に自社製品の専属的販売である（右上）。

しかし、これはとても困難なので、右下が現実的である。この流通政策のことを排他的専属性とよぶことがある。

【表10-1　流通構造の広狭・開閉類型】

		商業が特定製造企業に専属する程度	
		開（低い、他社製品あり）	閉（高い、他社製品なし）
特定地域で取引する販売業者の数	広（多い）	競争が激しく、目指すところではないが、通常はここになる	一番目指すところだが、きわめて困難
	狭（少ない）	メーカーとして不利なので、現実的ではない	オペレーショナルには現実的（排他的専属性）

出所：風呂、第6-1図、209ページ、1967年

❖ 流通構造の長短

　長短とは、メーカーから消費者までの取引数のことである。取引数（流通段階とよばれる）が多くなると、長い流通構造になる。長い流通構造は、卸の数によって決まってくる。というのは、小売とは消費者に販売するという意味であって、小売店と消費者の間には1段階の取引しかありえないからである。流通構造を長くするのは卸の数なのである。
　流通構造が長くなると商品を広く分散させることができるようになる。というのは、流通構造が長くなった末端では、小分けした取引が可能になるからである。図10-8が流通構造の長短の概念図である。

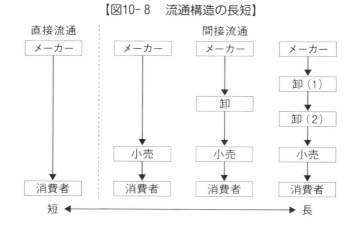

【図10-8　流通構造の長短】

❖ 流通構造の分析

　流通構造の長短は、いろいろな統計を使って分析することができる。迂回生産や貿易、消費財以外の販売が多いので多少の問題があるけれども、流通構造を手軽に理解するためにはよい方法である卸小売販売額比率（W/R比率）の考え方を紹介しよう。

第10章 流通構造とその変容

❖ 卸小売販売額比率

　卸小売販売額比率とは、卸売の販売額を小売の販売額で割った値のことである。この考え方は、次のようになる。今、仮に、商業店舗レベルでの利益を一定としておこう。卸も小売も儲けは同じ額だ、ということである。となると、卸段階での販売額と小売段階での販売額に違いがあるということは、店舗数の違いが影響していると考えられる。概念的に図示すると図10-9のようになるだろう。

【図10-9　卸小売販売比率の考え方】

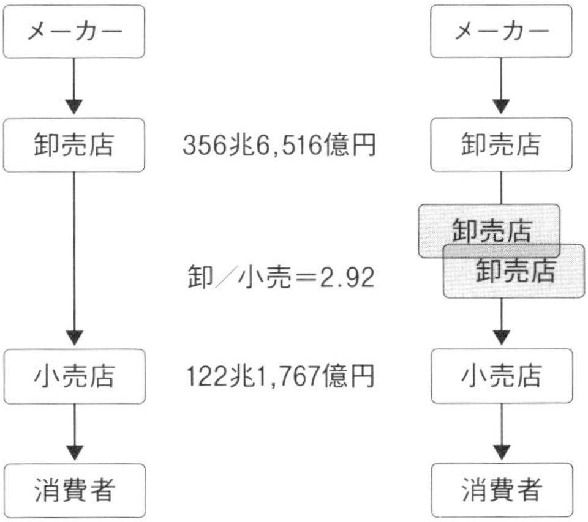

```
メーカー              メーカー
  ↓                    ↓
卸売店  356兆6,516億円  卸売店
                       卸売店
      卸／小売＝2.92   卸売店
  ↓                    ↓
小売店  122兆1,767億円  小売店
  ↓                    ↓
消費者                 消費者
```

　図10-9の左側は、メーカー⇒卸⇒小売⇒消費者という流通構造である。段階数でいえば2段階の流通構造である。今、2014年段階の卸販売額約357兆円と小売販売額約122兆円を考えてみよう。卸の小売に対する販売額の大きさはおよそ2.92倍になる。この数字が何を意味しているかが、このW/R比率の考え方を表している。

　それが図10-9では右側の流通構造になる。この流通構造は、小売よりも、卸の販売段階がおよそ3倍多いことを意味している。すなわち、左の流通構造のように、卸からすぐに小売に販売されるのではなく、卸⇒卸⇒卸⇒小売と卸段階で3回程度の取引が行われることのあらわれだ、というのがこのW/R比率の考え方なのである。図10-10は、W/R比率を過去40年間計算したものである。

　図10-10からわかるのは、W/R比率は長期的にみれば随分と低下していることである。問題は、なぜこのようにW/R比率が下がっているのか、ということである。

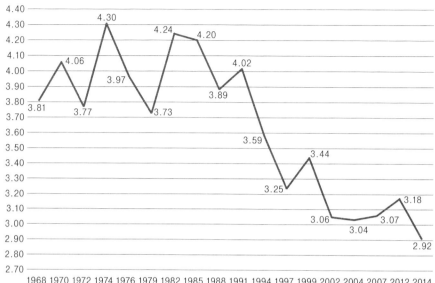

【図10-10　W/R比率の変化】

1つの仮説は、小売業がとても大きくなってきたということである。そうなるとメーカーとの直接取引が多くなって、流通構造は短くなるだろう。

4　おわりに

　本章では流通構造という考え方を紹介した。流通構造はメーカーから小売店までの取引の連なりがどうなっているかを表している。そのつながり方がなぜ重要かといえば、それが流通の成果を決めるからである。流通構造の見方で紹介したように、小売が分散していると商品は、消費者に届きやすくなる。商品の露出度が高くなるからである。それはどこでも、その商品が調達できるようになるという意味である。流通構造が長くなったり、広くなったり、開いていたりすると流通の成果が異なってくるのである。それは消費者へのサービス水準が高まるからである。

　他方、メーカーにとっても流通構造が自社の成果を規定すると考えられる。自社

の製品をうまく流通させるために、流通構造をどのように設計するかが重要なのである。商業との取引の形（それこそ流通構造である）が、流通のパフォーマンスに影響するのである。

❓考えてみよう

1. 流通構造の特徴を整理してみよう。そのとき、特定の業界を例に取り上げて、ミクロとマクロでの両面からそれらを比較し、違いがなぜあるか考えてみよう。
2. いろいろな業界の流通構造を調べてみよう。その際、なぜその業界が、特定の流通構造になるのか、歴史や業界の特性を踏まえて分析し、その理由を考えてみよう。
3. 流通構造を変化させる力を考えてみよう。流通構造は安定的ではあるが、変化しないわけではないので、なぜ、どのように変化するのか考えてみよう。

参考文献

大坪元治『福井県眼鏡史』三秀社、1971年
田村正紀『流通原理』千倉書房、2004年
中村圭介編『眼鏡と希望：縮小する鯖江のダイナミクス』東京大学社会科学研究所、2012年
風呂　勉『マーケティング・チャネル行動論：マーケティング・チャネルのシステム特性に関する基礎研究』千倉書房、1967年

次に読んでほしい本

伊藤元重『流通大変動：現場から見えてくる日本経済』NHK出版、2014年
パラグ・カンナ『接続性の地政学：グローバリズムの先にある世界』（上・下）原書房、2017年
アルバート＝ラズロ・バラバシ『新ネットワーク思考：世界のしくみを読み解く』NHK出版、2002年

第11章

日本型取引慣行

1 はじめに
2 花王株式会社と花王カスタマーマーケティング株式会社のケース
3 取引構造・取引制度の確立と変容
4 事後調整から事前調整へ
5 おわりに

1 はじめに

　一度行ってみてほしいところが2ヵ所ある。2種類の化粧品売り場である。それはもちろん、化粧品の流通には理論的課題がたくさんあるからであるが、そのための違いも観察しやすいからでもある。まず、百貨店の化粧品売り場に行ってみよう。その化粧品売り場を見渡してみれば、数多くのブランドごとに売り場が細かく分かれ、その特定のブランドの売り場の中に、ブランドが取り扱う化粧品からスキンケアなどにいたる商品が品揃えされていることがわかる。

　もう1つの化粧品売り場は、総合スーパーなどの小売店における化粧品売り場である。そこでは多くの場合ファンデーションやスキンケアといったカテゴリーごとに区分された棚に各ブランドやメーカーの商品が混在して並べられている。

　商品カテゴリー別に陳列するほうが消費者にとっては便利なはずだが、メーカー別に並べられているのは、メーカーの影響力の表れである。日本では特定メーカーの商品のみを取り扱う系列といわれる小売店や卸売店が数多く存在しているのだ。そして、かつてこの系列を作り上げてきた各種の手段が、現在でも取引慣行として残っているのである。

　本章では、こうした日本の流通現場に存在する取引慣行について、流通系列化と

【写真11-1　百貨店の化粧品売り場】

Radu Bercan/Shutterstock.com

取引制度について取り上げ、なぜ特定メーカー系列の小売店や卸売店が数多く存在し、それらがどのように変容してきているのか、さらにそうした取引構造の中で取引慣行がどのように形成され、変容してきたか、について考える。

2 花王株式会社と花王カスタマーマーケティング株式会社のケース

❖ 花王株式会社の概要

月のマークでおなじみの花王株式会社（以下、花王）は、日本を代表する日用品メーカーである。油脂製品や界面活性剤の開発製造に強みがある。花王のシャンプーやリンス、歯磨き、掃除用品の1つぐらいは使ったことがあるだろう。2017年（平成29年）の売上は約1兆4,894億円、営業利益は約2,047億円で、営業利益率は約14％になる。日本企業の平均的な営業利益率約3％であるから、圧倒的な収益力があることがわかるだろう。

そうした花王の成長の原動力といわれているのが、調達から生産、販売、小売店

【図11-1　花王と花王CMKの概念図】

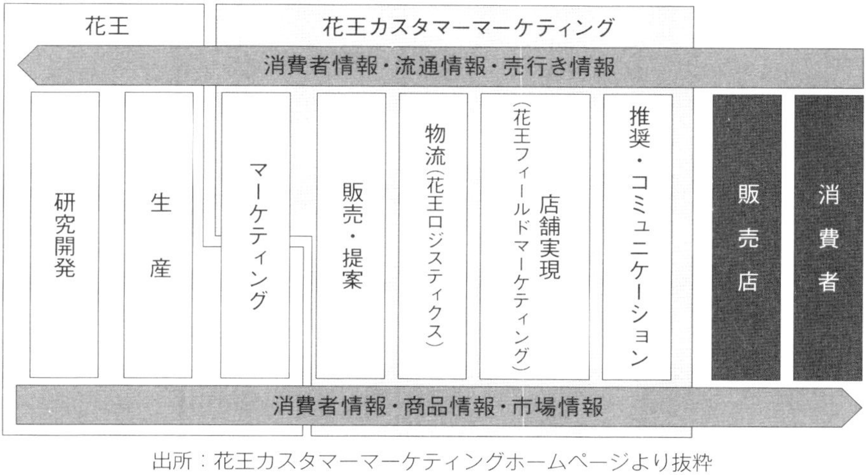

花王	花王カスタマーマーケティング						販売店	消費者
消費者情報・流通情報・売行き情報								
研究開発	生産	マーケティング	販売・提案	物流（花王ロジスティクス）	店舗実現（花王フィールドマーケティング）	推奨・コミュニケーション		
消費者情報・商品情報・市場情報								

出所：花王カスタマーマーケティングホームページより抜粋

への物流を含むすべての活動を自社でまかなう花王カスタマーマーケティング株式会社(旧社名、花王販売株式会社：以下、花王CMK)である。同社は、日本国内のコンシューマープロダクツ事業における製品の販売を担当するという役割を担っている。具体的には、マーケティング機能を軸に花王と連携をとりながら商品と消費者をつなぐ小売店の売場で商品陳列、売場演出、プロモーション手法やカウセリング方法などの提案を行っている(図11-1)。

❖ 花王販売の誕生

花王は、1950年代(昭和25年頃)には販売部を東部(東北北海道、京浜関東、中部)と西部(京阪神近畿、中国四国、九州)に分け、全国に500の代理店と1,600の特約店からなる販売網により家庭用製品の販売を行っていた。さらに、1958年(昭和33年)には新花王石鹸の販売を機に、適正価格の維持と市場における需要変動に対処する目的で、花王は販売組織の整備や取引条件の改善などの販売系列店の強化に乗り出し、1968年(昭和43年)には全国に140社の販売会社を設立した。

花王がこのように販売会社を急速に増やしていった背景には3つの理由がある。第1は、ダイエーを始めとするスーパーマーケットの台頭である。スーパーマーケットでは安売りが常態化しており、集客のための目玉商品に花王の製品が対象となったのである。花王は、スーパーマーケットとの交渉窓口を一本化することによって交渉力を強化し、価格維持による適正利潤の確保とブランド内競争を避けることによってブランドイメージの維持を図ろうとした。第2は、卸売業者のテコ入れである。もともと財務体質の弱い卸売業者であったが、資金を得るために安売りに追い込まれ、それが小売段階の値崩れを起こす原因にもなっていた。第3は、1960年(昭和35年)の貿易為替自由化計画大綱による資本の自由化とそれに伴うプロクター・アンド・ギャンブル社(以下、P&G)など外資系企業の本格的な日本市場進出である。花王といえども巨大な外資系企業に比較すれば小規模であることから、それらの脅威に対する体制づくりとして販社体制を進めたのである。

❖ 花王販売の発展と花王CMKの誕生

1980年代(昭和55年頃)に入ると大規模小売業者の出店エリアは広域化する

> **Column11-1**
>
> ## 花王 VS P&G
>
> 　花王システム物流の誕生とエリア対応型共同配送センターの取り組みは、日用品業界に大きな波紋を呼ぶこととなった。特に問題となったのは、1997年にイトーヨーカ堂が神奈川県内の34店舗を対象に、花王システム物流に対して他社商品を含む日用品の一括物流を委託したことだ。
>
> 　当然、ライバルメーカーや卸売業者はその計画が発表されると同時に反対した。特に、P&Gは「販売情報などが競合他社に漏れる」と強く反発し、米P&G本社のダーク・I・ヤーガー社長（当時）は、「自由競争が阻害される」として共同物流には協力しない意向を表明し、日本法人のP&Gファーイースト・インクのマクドナルド社長（当時）が公正取引委員会に「イトーヨーカ堂の新物流システムは独占禁止法に違反している」と異議を唱えたのである。
>
> 　結果的には、公正取引委員会まで巻き込んだ日米の物流論争は、ロジスティックス・システムの効率化を求めるイトーヨーカ堂の方針により実施され、P&Gも共同配送に乗ることになったのであるが、そこに至るまでにP&Gとイトーヨーカ堂の実務者レベルの交渉により、①毎日の発注データは蓄積せず、廃棄する、②仕入れ価格に関しては伝票に表示しないようにする、③花王本社のホストコンピュータとは接続しないようにする、④配送に関するデータが打ち出されるセンター内のコンピュータ室には花王社員が自由に出入りできないようにする、⑤花王システム物流の社員といえども特別な許可を持つ者しか納品データをできないようにする、といった情報漏洩に対する防衛策を取り決めることになった。

ようになり、その出店形態も多様化する中で、こうした状況に対し花王販売は日本全国で同じサービスレベルの営業や企画提案、情報提供、ロジスティックス提供ができるようにする必要に迫られた。花王販売は保有する諸機能の共有化と管理部門の集中化、販売活動の効率化を進めながら販売会社の合併・統合を進め、1992年（平成4年）には北海道・東北・東京・中部・近畿・四国・沖縄を除く九州の8社の広域販社となり、1999年（平成11年）にはその8社が合併して全国1社となって花王販売が設立されたのである。

　この花王販売の設立目的は販社制度の強化であるが、そのために重要なことが2つある。第1は花王と花王販売の役割分担である。従来は花王と花王販売の双方に営業部門があり、花王が戦略立案、花王販売が戦術の実施と役割分担していたもの

が、花王の営業部機能を花王販売に移管し、花王から営業部門をなくしたのである。第2は小売業者へのサポート機能である。花王と小売業者が共同作業で消費者の視点に立った魅力ある売り場作りを目指し、共存共栄の関係を築こうとしたのである。

2007年（平成19年）には花王販売と花王化粧品販売株式会社が合併して花王CMKが設立された。花王CMKのミッションは、データと商品陳列を結びつけて、小売店舗の販売機会の最大化を図ることにある。つまり、「どの商品をどのようなレイアウトで店頭に陳列すれば最も売れるか」という観点から、膨大なマーケティングデータを科学的に分析し、花王以外の商品も含めた最適な売り場構成や棚割りを考え、小売店に提案する提案型営業こそが花王CMKの強みとなる。そして、花王CMKがデータに基づく論理的でわかりやすい棚割りを提案することによって棚割りの主導権を握り、そのことが結果的に花王の商品を1つでも多く取り扱ってもらうこと、店頭に露出させることにつなげようとしている（Column11-1）。

❖ 花王における取引制度の形成と変容

花王は、1960年代（昭和35年頃）から始まった販売会社の強化に伴って新たな取引制度として建値制の導入とリベートの改正を実施している。ここで建値というのは、メーカーが指定する卸や小売の販売価格のことであるが、わざわざ独特の用語を使うのはわけがあって、流通の各段階（卸売や小売）での利益を見込んで設定する特別の価格だからである。一方、リベートときくと、裏金のような悪い意味を想像してしまいがちだが、そうではない。それどころかれっきとした販売促進手法なのである。花王はこの制度の導入によって特定の製品について製販価格・卸売

【表11-1　期末感謝金献呈率（1964年（昭和39年）1月10日実施）】

ランク	都市		地方	
	半期売上高	歩率	半期売上高	歩率
Aランク	5,000万以上	5.4%	2,000万以上	5.4%
Bランク	1,000万以上	4.9%	500万以上	4.9%
Cランク	500万以上	4.6%	300万以上	4.6%
Dランク	100万以上	4.0%	60万以上	4.0%
Eランク	100万以下	2.9%	60万以下	2.9%

出所：佐々木聡『日本的流通の経営史』有斐閣、2007年、327ページ

価格・小売価格を指定することで、花王製品の不当廉売の防止を図るとともに、従来商品群ごとに異なり複雑になっていた期末感謝金献呈率とよばれるリベートについても都市部と地方に区分したうえで単純化を図った。

　このように、花王が価格維持による適正利潤の確保とブランドイメージの維持を図ることを目的とし導入した建値制およびリベート制であったが、大量仕入・大量販売によって相対的にパワーをもつようになった総合スーパーの台頭と、1990年代（平成2年頃）に起こったバブル経済の崩壊が価格破壊とよばれる現象を引き起こし、メーカーの建値制が事実上の意味を失ってしまった。価格破壊とは、大量仕入れや国際調達を駆使し、それまでの手法では予想もできないぐらい低価格で商品を販売することをいう。価格破壊の旗手であったダイエーは、ベルギービールを100円で販売した。当時のビールの標準的価格が170円ぐらいであったことを考えると、破格の安さである。そうした中で、花王は1995年（平成7年）1月から希望卸売価格は存続させるものの、希望小売価格を廃止した。またあわせて半期ごとに売上高に応じて出していたリベートは存続させるものの、特売用の販促リベートを後払いから先払いに改めるなどのリベート体系の簡素化を図ることになった。

3　取引構造・取引制度の確立と変容

❖ 取引構造としての流通系列化

　一般に流通系列化とは、大手メーカーが自社商品の販売において独立した卸売店や小売店の協力を確保し、その販売について価格の安定や市場シェアの拡大などといった自社のマーケティング政策の目標を達成できるよう彼らを掌握し、組織化する一連の行為と定義されている（Column11-2）。

　事例で取り上げた花王は、価格維持とブランドイメージの維持そしてP&Gなど外資系企業の脅威に対する体制づくりとして販社体制を進めたが、まさにこの流通系列化の定義に沿った行動を取ってきた。しかし、そうした販社体制は、外部環境の変化によってその役割が変化してきた。つまり、大量仕入・大量販売によって相対的にパワーをもつようになった総合スーパーが流通チャネルのチャネル・リー

Column11-2

流通系列化の3類型

　流通系列化とは、メーカーが自社の商品の販売について販売業者の協力を確保し、その販売について自社のマーケティング戦略が実現できるよう販売業者を掌握し組織化する一連の行為と定義することができる。流通系列化は、卸売段階の統合の強弱により、代理店・特約店制度と代表的な流通系列化業種に区分され、さらに後者は3つに区分することができる。

1) 販社型：卸段階では自社製品を専門に扱う販社制度によって垂直統合されているが、小売段階では通常の取引契約に基づく経路である。
2) 直販型：メーカーが卸段階を内部化し、直接小売店と取引を結んでいる。
3) 一貫型：卸段階は販社制度で垂直統合し、さらにそれを足場に、小売段階も緩やかな取り扱い商品の制限や店会組織で組織化する。

【表11-2　流通系列化の3類型】

	販社型	直販型	一貫型	組織形態
メーカー	●	●	●	
卸	●（↓実線）	●（┆点線）	●（↓実線）	販売会社
小売		●（┆点線）	●（------→破線）	店会組織
代表的業種	洗剤	自動車	家電	
代表的事例	花王	トヨタ自動車	パナソニック	

　──→　原則として資本統合
　─・─・→　資本あるいは非資本統合
　------→　原則として非資本統合

ダーの座をメーカーから奪い取ったことで、販社の目的は価格維持から小売店舗の売り場づくりなどの販売促進に関わるマーケティング活動へと変化したのである。

❖ 取引制度としての建値制・リベート制の導入

　花王に限らず、その当時、販売会社の設立などを通じて流通系列化を進める企業の多くは系列化をより強化するために、メーカーは組織化された流通チャネルに対して建値制やリベート制を導入していった。

　建値制とはメーカーが消費者に対して公表するメーカー希望小売価格を基準（100％）として、そこから各卸売段階へとさかのぼるかたちで80％、70％とそれぞれの流通業者が受け取ることになる粗利益を引き算しながら各取引段階での標準的な販売価格を提示する取引のやり方である。つまり、商業者はこのメーカーが設定する建値を守って販売している限りにおいて一定の粗利益（マージン）が保証される仕組みになっているのである。

　加えて、商業者がみずからの経営努力をすることなしに、ある程度の利益を保証してくれる建値制を守らせるために、メーカーはリベート（販売奨励金）制を導入した。リベートにはいくつかの意味があるが、商業が販売した努力の量に応じて、販売後にメーカーが商業者に対して、支払う経済的誘因（つまりお金）の総称である。リベートとは、正式の取引価格による決済が行われた一定期間後に、それを修正する目的で売り手であるメーカーが受け取った代金の一部を買い手である流通業

【表11-3　一般的なリベートの種類とその内容】

リベートの種類	内　　容
基本リベート	仕入れ金額に応じて常時支給
現金割引リベート	一定期間内の現金支払いに応じて支給
数量割引リベート	仕入れ量の大きさに応じて累進的に支給
目標達成リベート	販売目標の達成に対して支給
販売促進リベート	小売業者の販売促進活動に対して支給
大口取引奨励リベート	量販店の大口取引先確保に支給
帳合リベート	小売業者にメーカーから直送したとき、当該取引に関与した卸売業者に支給
占有率リベート	店頭における自社製品比率の高さに応じて支給

出所：田島義博・原田英生編著『ゼミナール流通入門』日本経済新聞社、1997年、343ページ

者に払い戻す慣行と定義される。基本的に、メーカー出荷価格を変更することは建値全体の変更を余儀なくさせられるなどさまざまなコストを被ることから、メーカー出荷価格を変更せずに自社製品を大量に販売してくれた流通業者に報償的な目的でリベートを支払うようになったのである。

❖❖ 建値制・リベート制の廃止

　1980年代（昭和55年頃）に入って大規模小売業者のチェーン化、出店エリアの広域化が進み、流通業者のパワーが拡大する中で、1991年（平成3年）に起こったバブル経済の崩壊は個人消費の失速と流通業者の業績悪化を引き起こした。それとともに流通業界では低価格販売を展開するディスカウント・ストアが成長し、百貨店や総合スーパーの価格に影響を与え、全体の販売価格を引き下げる価格破壊とよばれる現象を引き起こした。

　破壊された店頭での販売価格はメーカーが設定する希望小売価格を形骸化させ、これまで小売が値引きする場合でも多くはメーカーが決めた建値の範囲内で行われてきたものを、メーカーの仕切り価格を下回る値段で売られることが起きた。こうした建値が形骸化していく状況に対して、メーカーは取引制度の抜本的見直しを迫られることになり、日用雑貨業界、加工食品業界、家電業界などの主だった企業が相次いで取引制度の改定を行った。

　改定の内容は、業界や企業によって異なるものの、大きな骨子は建値制の廃止とそれに伴うオープン価格制の導入であり、加えてリベート制廃止である。そして、そのことによって小売店舗の店頭からはメーカー希望小売価格という表示が姿を消していくことになった。

4　事後調整から事前調整へ

　この花王の事例を含め今までの説明からメーカーと流通業者との取引関係において次のことがみえてくる。建値制やリベート制が維持されていたときは、メーカーが卸売業者や小売業者に対していく種類ものリベートを重複的に支払うことによって流通業者をコントロールしようとしてきた。これに対してそのリベートを受け

取ってきた流通業者は、メーカーのいうことを聞いていれば最終的にリベートで利益が補填されることからその安楽さに寄りかかってきたという側面が浮かび上がってくる。これは、流通業者側が「取引時点で多少の不利益を被っても（メーカーが）後でリベートを出してくれる」、「最終的には（メーカーが）面倒をみてくれる」といった期待をもっていたこと、メーカー側も「流通業者に無理を聞いてもらったからには（得意先の）期待に応える」、「（得意先に）損をさせられない」との認識から、営業担当者らによって項目の異なる複数のリベートを重複的に支払っていたことからうかがうことができる。

　こうしたメーカーと流通業者の双方が、取引における諸条件に関する交渉を取引時点で明確に決めるのではなく、取引後においてリベートによってマージンの調整を図ってきた取引形態は、その調整を行うタイミングから事後調整型取引と表すことができる。そしてこの事後調整型取引は、売り手と買い手の長期的・継続的な取引関係の中で建値制やリベート制による売買取引が行われる下で形成されてきた。しかし、取引制度の改定以降は、リベート制の廃止によって「後から何とか（メーカーに）面倒をみてもらう」ということは難しくなり、オープン価格制の導入によって流通業者がみずからの判断によって価格設定を行うことから、メーカーと流通業者の双方が取引ごとに諸条件を検討・決定する「事前調整」型取引へと変わっていくこととなった。

5　おわりに

　われわれには、そうすることの理由もわからずに行っている行動や習慣が数多くある。そうした従来から慣わしとして行われていることを慣行という。日本の流通の世界においても、そうした慣行が数多く存在する。それは、長い歴史の中でメーカーから商業者を経て消費者までの間で取引が繰り返され、積み重なっていく中で慣行となっていくのだが、その1つが流通系列化である。

　本章では、日本型取引慣行としての流通系列化と建値制・リベート制を取り上げた。こうした取引制度は、パワーをもっていた大規模メーカーが卸売業者や小売業者といった商業者の自由な品揃え活動を制約し、自社製品の販売を有利に導き、市場シェアを拡大させ、価格を安定させる狙いがあった。

しかし、総合スーパーなどのチェーン化した大規模小売業者が強力なバイイングパワーをもつようになった1990年代（平成2年頃）以降は、その様相が一変する。つまり、大量仕入れ・大量販売を実現すると共に消費者に最も近い立場で購買行動に関する情報を握る大規模小売業者が、流通チャネルのチャネル・リーダーとしてのポジションを大規模メーカーから奪い取ったのである。そうした環境変化の中で、大規模メーカーは販売会社の機能を「価格維持のための販売活動」から「販売促進のためのマーケティング活動」へと変容させてきたことが明らかになった。

　また、流通系列化を強化するために導入された「建値制」と「リベート制」も、環境変化の中で「オープン価格制」に改定されたことを説明した。

　ここで重要なのは、メーカーによって導入されたオープン価格制は販売価格設定を各流通業者に委ねることから、一段と厳しいローコスト・オペレーションが流通業者に求められるようになる点である。さらに、卸売業者はメーカーからのリベート頼みの取引から脱却し、物流、品質保持、納期管理、商品の安定供給や情報提供など中間流通としての機能強化が生き残っていくうえで必要となるであろう。

　また、リベート頼みという面でいえば、メーカーにも同様のことが当てはまる。メーカーの営業といえば、月末や契約期間末に契約達成を名目に押し込み販売を行うことが常態化していたところがあった。しかし、リベートがなくなることで営業の軸足が大きく変わることとなる。つまり、取引制度の改定は価格訴求に頼った営業活動から、得意先との良好な関係を構築し、得意先に対する提案や問題解決策を提示することによる提案型営業活動への転換をメーカー自身にも要求することとなるのである。こうした意味において1990年代（平成2年頃）に行われた取引制度の改定は、メーカーと流通業者の双方にとって取引関係を大きく転換させるだけでなく、メーカーと流通業者のみずからの販売活動に対するパラダイム転換を迫るものであったのである。

❓考えてみよう

1. 自動車、家電、ビールなどの分野を1つ選んで、その最大手メーカーがどのように流通系列化を進めたか、またその取引制度がどのように変容しているかについて考えてみよう。
2. 最大手メーカーが流通系列化を進めるのに対して、2番手・3番手メーカーはどのような流通チャネル戦略をとったのか、またその戦略をとった理由とともにについて考えてみよう。

3．流通チャネルのリーダーは、時代によって卸売業者、メーカー、小売業者と変わってきたといわれているが、なぜ変わったのか、その理由について考えてみよう。

参考文献

石原武政・矢作敏行編『日本の流通100年』有斐閣、2004年
佐々木 聡『日本的流通の経営史』有斐閣、2007年
矢作敏行『現代流通：理論とケースで学ぶ』有斐閣アルマ、2001年

次に読んでほしい本

高嶋克義『小売企業の基盤強化：流通パワーシフトにおける関係と組織の再編』有斐閣、2015年
山内孝幸『販売会社チャネルの機能と役割：流通系列化のダイナミズム』中央経済社、2010年

第12章

小売を中心とした取引慣行

1　はじめに
2　家電業界におけるメーカーから小売へのパワーシフト
3　小売主導型流通における取引慣行をめぐる問題
4　おわりに

❖

1　はじめに

「昔は秋葉原で電気製品を買うときは値切ったもんだ」といわれても、値切るというのが何を意味しているのか、若者には通用しない時期があったのだが、昨今は再び事情が変わってきたようだ。メルカリのような個人間取引では、それが通常行われるからである。不謹慎だとかクレーマーとかいわれながらも、買い手はせめて送料だけでも値切ろうとするし、売り手はなんとか言い値で売ろうとする。このような交渉は、買い手が小売業、売り手が卸売業やメーカーの場合も然りである。

　なぜこうした交渉がうまくいくのか。今さら問うまでもないが、取引を有利に進める側（買い手）に、取引相手（売り手）に対して、相対的に有利な力（パワー）が働いているためである。では、このパワーとはいったいどのようなものであろうか。

　流通系列化により、戦後、量産体制を確立した大手メーカーが、自社製品を安定的かつ優先的に流通させるため卸売業や小売業といった商業者を統率していった。この体制を確立していくときに依拠したのが、中小零細店が大半を占めていた商業者に対する大手メーカーの資本力や生産力といった圧倒的な経済的パワーである。その後1960年（昭和35年）以降、チェーン・オペレーションにより大量仕入れ、大量販売を実現した大規模小売業者の台頭により、パワーバランスに歪みが生じ始める。つまり、大量購入というバイイングパワーを手に入れた小売業がメーカーや卸に対して有利に取引を進めるようになっていく。

　この章では、まず、第1節では、家電流通を対象として、どのようにしてメーカーから小売へとパワーシフトが行われたのか、その変遷を明らかにする。次いで、第2節では、主に食品流通を対象として、バイイングパワーという力を手に入れた小売が中心となって行われる取引がもたらす影響について考える。

2 家電業界におけるメーカーから小売へのパワーシフト

すでに第10章でも学んだように、最もオーソドックスな流通構造は、生産者 ⇒ 卸売業 ⇒ 小売業 ⇒ 消費者といった流れである。なお、それぞれの流通チャネルに登場する主体のことをチャネル・メンバーと呼び、流通チャネルの中で、その時々において最もパワーを有している存在をチャネル・リーダーとよぶ。ここでは、家電流通をケースとして、チャネル・リーダーの変遷をみていこう。

❖ 家電流通におけるチャネル・リーダーの変遷

図12-1に示すように、1930年代（昭和5年頃）前後、家電流通のチャネル・リーダーは、おおむね卸売（問屋）が握っていた。当時、東芝、日立、三菱などの大手メーカーは、電力設備などの重電中心で、民生用の家電製品の生産には未着手であり、家電製品の製造は、主に乱立していた中小メーカーが担っていた。当時、松下電器はまだ大手メーカーの域には達していなかった。戦後の経済復興が進む1950年代以降、家電分野に重電メーカーも参入し、競争が激しくなるにつれ中小メーカーが淘汰されていく。そして資本力のある大手メーカーの生産体制が確立、その結果寡占化が進行し、チャネル・リーダーとして躍り出ることとなる。こうした状況下、家電メーカーは、自社製品の流通網の構築と価格安定を意図したチャネ

【図12-1　家電流通におけるチャネル・リーダーの変遷】

【1930年〜1950年代】	【1950年〜1980年代】	【1990年代以降】
メーカー	**メーカー**	メーカー
↓	↓	↓
卸売	卸売	卸売
↓	↓	↓
小売	小売	**小売**
↓	↓	↓
消費者	消費者	消費者

（左列：メーカー→卸売→小売→消費者、卸売が強調）

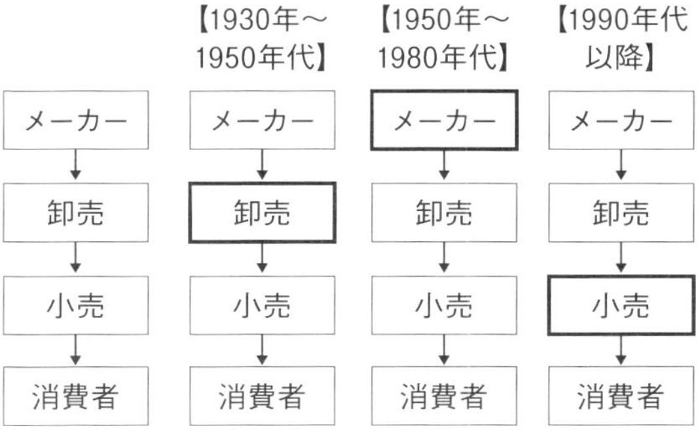

ル体制を構築していく。具体的には、卸売段階においては代理店に出資し、販売会社を設立、小売段階ではメーカー商品のみを取り扱う専売店化による流通系列化を図った。こうした流通系列化の恩恵は、それを遂行するメーカーのみならず、中小の商業者にとっても大手メーカー製品の優先供給、および一定利潤の確保といったメリットが得られる、まさにWIN-WINの関係をもたらし、その後しばらく続くこととなる。

　一方、こうしたメーカー主導型の流通系列化は、メーカーによる価格支配が強いことから、市場における商品価格の硬直化を生じさせ、それに対する反発も強かったが、規模に勝る大手メーカーに対抗する小売勢力はまだ成長していなかった。近年になって、ヤマダ電機などに代表される幅広い品揃えと低価格を武器とする新興の大手家電量販店が台頭し、価格競争力で劣る系列小売店の存在が危ぶまれ、大手メーカーも流通系列化の体制見直しを迫られることとなる。

❖ メーカー主導型流通の躍進――松下のケース

　現パナソニックの前身である松下電器産業（創業時は松下電気器具製作所。以下、松下電器）の創業は1918年（大正7年）であり、他の電機メーカーに比べると創業も若く、まだまだ弱小メーカーに過ぎない立場であったが、他のメーカーに先駆けて積極的に流通系列化を推し進めていく。戦前、乱売競争に苦しんでいた卸売店と小売店が積極的な経営支援を惜しまない松下電器の傘下に加わることによって、松下電器の商品の販売ルートは次第に拡大されていった。この結果として、短期間に松下電器は中堅メーカーの地位につき、戦後、巨大企業としての松下電器への飛躍が可能となった。こうした成功を目の当たりにした他の家電メーカーもほぼ例外なく追随していった。

　戦後、松下電器は戦前につくり上げていた流通系列化の立て直しを急いだ。まず、卸売については、戦時経済体制によって、機能不全に陥った自社の流通経路の再建のため、いち早く代理店制度を1946年（昭和21年）から復活させた。代理店は当初240店からはじまり、1955年（昭和30年）には580店まで増加した。その後、高度経済成長期への突入により家電業界は更なる競争にさらされ、再び値引き合戦が繰り広げられることとなる。そこで、松下電器は、卸売店の系列化をさらに進展させ、代理店への資本参加という形で1957年（昭和32年）から本格的な販売会社制度を導入する。次いで、小売店への系列化である連盟店制度を1949年（昭和

第12章 小売を中心とした取引慣行

【写真12-1　松下電器（現パナソニック）の流通系列小売店】

撮影：田中康仁（掲載許諾）

24年）に復活させる。当初、連盟店の数は6,000程度であったが、1950年中盤頃（昭和25年頃）には約4万店へと急増している。松下電器は、これらの連盟店に自社製品をできる限り多く取り扱うように求めた。1957年（昭和32年）には松下電器の商品の販売量が多い（概ね80％以上の松下電器の商品を扱う）小売店を選びナショナルショップと命名する制度を始め、1964年（昭和39年）には1万店を数えた。写真12-1は、ナショナルショップから改称されたパナソニックショップの、2018年（平成30年）現在、営業している店舗である。

　松下電器による流通系列化戦略によって、系列の卸売店および小売店である松下電器販売会社とナショナルショップは、乱売競争から抜け出し、安定的な経営ができたと胸をなでおろした。こうしたメーカーが主導し、系列の卸売店と小売店を傘下に収める流通系列化は、日本独自の流通システムではあるが、家電メーカーによるこの成功事例は、他の業界にも導入され、日本の高度成長期を支えた仕組みと評価できる。

❖ 家電量販店の台頭とメーカー主導型流通の動揺

　戦後から高度経済成長期にかけて一定の成功を収めたメーカー主導の流通系列化は、大手家電量販店の台頭により脅かされることになる。表12-1は、家電流通のチャネル別販売比率の変化を示したものである。これによると、1978年（昭和

【表12-1　家電流通のチャネル別販売比率の変化】

	1978年 (通産省調査)	2012年 (家電流通データ総覧)
系列店	84.5%	6.7%
量販店	10.4%	62.4%
GMS	2.8%	2.3%

出所：東洋経済新報社「週刊東洋経済1979年4月13日」1979年、
　　　リック「家電流通データ総覧2013」2013年

53年)は8割強を占めていた系列小売店の販売シェアは、2012年(平成24年)には6.7%まで大幅に減少している。これに対して、量販店の販売シェアは、1978年(昭和53年)の10.4%から2012年(平成24年)の62.4%まで大きく増加し、両者の販売シェアは逆転し、過去の主力チャネルであった系列店のシェアは減少し、家電流通の小売段階においては家電量販店中心の市場が形成されている。なお、こうした兆候は、1980年中頃(昭和55年頃)より確認され始め、1990年(平成2年)以降一気に加速していく。

　さらに、2000年代(平成12年頃)以降、北関東を発祥地とするヤマダ電機、コジマ、ケーズデンキやカメラ系量販店であるヨドバシカメラ、ビックカメラなどのディスカウント型の大手家電量販店が急成長してくる。経済産業省の統計によると2012年(平成24年)の家電流通の市場規模は、7兆2,180億円であるが、先

【表12-2　主要家電メーカーの系列小売店数の推移】

	松下 (パナソニック)	東芝	日立	三菱
系列化店 名称	パナソニック ショップ	東芝ストアー	日立チェーン ストール	三菱電機ストア
1960年代	10,000	5,500	3,400	3,300
1970年代	17,000	7,600	5,800	3,700
1980年代	26,000	12,000	10,500	4,300
1990年代	25,000	10,500	9,000	4,000
2000年代	20,500	9,000	6,800	3,000
2013年	18,500	4,000	4,500	2,400
系列店での 販売比率	58%(1996年) 30%(2013年)	40%(1996年) 15%(2013年)	35%(1996年) 18%(2013年)	30%(1996年) 12%(2013年)

出所：リック「家電流通データ総覧2014」2014年

> **Column12-1**
>
> ## ヤマダ電機の派遣店員をめぐるトラブル
>
> 　家電量販最大手のヤマダ電機は2008年（平成20年）6月30日、パソコンなど家電商品の納入業者に対し従業員の無償派遣を強いたとして、公正取引委員会（公取委）から独禁法違反（優越的地位の濫用）による排除措置命令を受けている。公取委によると、ヤマダ電機は2005年（平成17年）11月以降、新規・改装出店の際に、パソコンやテレビ、デジタルカメラなど商品の納入企業に対し無償で従業員を派遣させ、商品の陳列や接客といった作業を行わせてきた。特に、パソコンとデジタルカメラの納入業者に対しては、店頭展示品を販売するため、展示品の初期化作業を行うために従業員を無償派遣させていた。公取委が立ち入り検査を行った2007年（平成19年）5月までで、約250社から延べ16万6,000人の従業員を派遣させていたとみられる。
>
> 　メーカーあるいは納入業者による派遣店員などの側面支援は従前からある商習慣で、派遣行為そのものに違法性はない。むしろ、自社商品の販売促進を目的で従業員を派遣する場合、メーカーにも一定のメリットがある。当時、公取委が問題視したのは、家電量販店への派遣店員の強要である。独占禁止法では大規模な小売業者が「優越的な地位」を利用し、メーカーに対して人材派遣やリベートを強要することを禁止しており、これに該当する行為であり、公取委が家電量販店へ検査のメスを入れるのは初めてのことであった。
>
> 　メーカーから派遣された従業員の仕事は、あくまで自社商品の販売促進であるはずのものが、派遣店員に対して他社商品の販売ノルマを課す、店内の清掃をさせるなど、正社員と同じような扱いをしていたケースもあった。こうした場合、ヤマダ電機が人件費を負担するなど、メーカーとの合意がなければ、「優越的地位の濫用」にあたる。

ほどの5社の売上高の総計は4兆7,755億円であり、じつに6割強を占める一大勢力である。こうした大手家電量販店による寡占化は、いっそうの価格引き下げ競争を誘発すると共に、バイイングパワーによる大型量販店の優越的地位の濫用の事例が発覚するなど、課題も多い。例えば、ヤマダ電機による派遣店員の問題などが代表的である（Column12-1）。こうした、小売のバイイングパワーが引き起こす商慣行をめぐる問題については、次節で触れたい。

　先述の1980〜90年代（昭和55年頃から平成2年頃まで）にかけてのメーカー

❖

から家電量販店へのチャネルシフトに呼応するように、主要家電メーカーの系列小売店の数も変化している（表12-2）。いずれの家電メーカーも1980年代（昭和55年頃）がピークであり、その後は減少の一途をたどっている。データの制約もあり、1996年（平成8年）と2013年（平成25年）の比較になるが、1996年（平成8年）以降においてでも系列店の販売比率が大幅に減少していることがわかる。こうした中にあっても、流通系列化という仕組みにより大きく成長した松下電器は、他の家電メーカーに比べて系列小売店を大切なパートナーとしていることがその数より読み取れる。松下幸之助氏の「共存共栄」の呼びかけに賛同した系列店も半世紀以上が経ち、メーカーからの手厚い支援への依存体質から脱却し、みずから前向きに努力する姿勢が求められている。また、こうしたショップに対して、パナソニックは支援体制を充実させる新制度を2003年（平成15年）より開始している。

3 小売主導型流通における取引慣行をめぐる問題

前節では、家電流通を対象として、メーカーから小売へのパワーシフトを説明したが、ここでは、主に食品流通を対象に、バイイングパワーを有した小売を中心とした取引慣行の中で、昨今問題となっている話題を取り上げよう。1つめはプライベート・ブランドの問題、2つめはセンターフィーの問題である。

❖ 小売におけるPB強化の影響

プライベート・ブランド（PB）とは、小売業が独自ブランド名で販売する商品群のことである。メーカーが自社ブランドで販売するナショナル・ブランド（NB）に比べ、販売価格が2～3割安い。PBの製造はメーカーなどに委託し、商品の開発や企画は小売とメーカーが共同で行うことが多い（日本流通新聞『小売りブランドNB宣言』2008年）。

小売業者がPB開発を行う動機はいくつか考えられるが、大きくは商品の差別化、低価格競争への対処、利益の確保、である。図12-2は、NBとPBのカップ麺の価格構造の比較したものである。販売価格では、PBのほうが50円安く価格訴求性が

【図12-2 NBとPBのカップ麺の価格構造の比較】

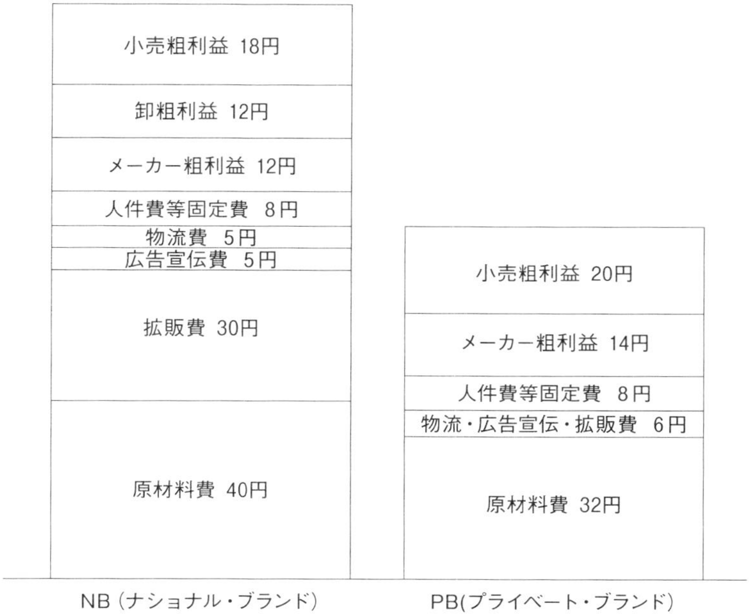

NB（ナショナル・ブランド）
- 小売粗利益 18円
- 卸粗利益 12円
- メーカー粗利益 12円
- 人件費等固定費 8円
- 物流費 5円
- 広告宣伝費 5円
- 拡販費 30円
- 原材料費 40円

PB（プライベート・ブランド）
- 小売粗利益 20円
- メーカー粗利益 14円
- 人件費等固定費 8円
- 物流・広告宣伝・拡販費 6円
- 原材料費 32円

出所：日経流通新聞、「小売りブランドNB宣言」、2008年6月6日を参考に筆者作成

高いことに加えて、粗利益はPBのほうが2円高く収益性も高いことからも上記の動機を満たしていることがわかる。また、チェーン展開する大手小売業などが全国のグループ店舗でPB商品の取り扱いの拡大に取り組めば、更なる収益性の向上も期待できる。共同で取り組むメーカーにとってはどうであろうか。取引数の増大により一定の売上増加が見込めることに加えて、工場の稼働率向上による生産性の向上や拡販費の削減などのメリットも享受できる。こう書くと、一挙両得のように感じるが、受注側のメーカーとしては、小売側からの要望を断り難い側面も否めない。例えば、共同開発により原価構成を把握した小売側から納入価格の引下げ交渉を迫られるケースも報告されている。

　2014年（平成26年）に公正取引委員会が行った食品分野におけるPB商品の取引に関する実態調査によると、小売業者などからPB商品の取引条件の設定などにかかわる優越的地位の濫用となり得る行為を受けたと回答した製造業者などの取引はそれほど多くはないものの10.8％存在していた。なかでも、原価構成や製造工程にかかわる情報などを開示することにより価格交渉などにおいて不利な立場に立

Column12-2

食品ロスを生む日本の悪しき習慣"3分の1ルール"とは

　環境省および農林水産省の推計によると、2014年度（平成26年度）の1年間に日本国内で廃棄された食品は2,775万トンにものぼり、このうち、本来は食べられるにもかかわらず廃棄されている食品、いわゆる食品ロスは約621万トンと20％以上を占める。これは、世界全体の食糧援助量約320万トン（2015年（平成27年））の2倍近くに相当する。こうした大量廃棄の理由の1つが"3分の1ルール"と呼ばれる食品流通分野における商習慣である。

　"3分の1ルール"では、食品の流通過程である製造日から賞味期限までの期間を3等分に区切り、それぞれの流通段階が在庫できる期間が決められている。例えば、ある食品の製造日が4月1日、賞味期限が7月1日の場合、メーカーと卸売が在庫できるのは5月1日の納品期限まで、小売が店頭に陳列できるのは6月1日の販売期限までとなる。これらの期限を過ぎると、正規の流通ルートから外れる、あるいは廃棄処分の対象となる。消費者の鮮度志向を受け、常に新しい商品を店頭に並べておくための仕組みとして、1990年以降に大手小売を中心に広がったこのルールこそが食品ロスを生み出す大きな原因となっているのである。

　納品期限までに卸売が小売に納入できなかった商品は卸売からメーカーへ、販売期限までに小売が消費者に販売できなかった商品は小売から卸売に返品されており、2010年度（平成22年度）の卸売からメーカーへの返品は年間1,139億円（出荷額の1.12％）、小売から卸売への返品は417億円（同0.37％）に及んでいる（原井瞳『食品流通における「3分の1ルール」の見直し』三井住友銀行マンスリーレビュー、2013年）。

　世界的にみると、日本が特に短く設定されており、納品期限に注目すると、米国では賞味期限の2分の1、イギリスでは4分の3である。納品期限が長ければ、それだけ納品側にも余裕が生まれる。2012年（平成24年）には「食品ロス削減のための商慣習検討ワーキングチーム」が立ち上げられ、その見直しが進められている。

つとの回答が多く、「開示した情報を基にした価格交渉において納入価格の引下げを要請されている」との具体的な意見もみられた。次いで、PB商品の利益率の低さから製造委託の要請を断ろうとした際、NB商品の取引の中止、取引数量の減少をちらつかせ、製造委託に応じるように要請する強引な交渉も確認されている。

第12章　小売を中心とした取引慣行

❖ センターフィー問題

　1990年代（平成2年頃）に入ると、多くの大手小売業は物流効率化を目的として、専用の物流（配送）センターの設置を進めていった。2008年（平成20年）に日本加工食品卸協会が、会員企業が取引を行う小売業678社を中心に調査したところ、専用センターをもつ小売業は全体の81.9％にも達している。センターフィーとは、こうした小売の物流センターを使用する際、納入業者である卸売業やメーカーから使用料を徴収する仕組みのことである。

　一方、納入業者である卸売業が商品の納入先である小売業の各店舗の店頭まで荷物を届ける場合、商品価格（仕入れ原価＋利益）に、商品の仕分けや輸送費などの物流費を加えたものを、店頭着荷価格（店着価格）という。日本の流通システムにおける価格制度の基本は、店着価格となっている。

　問題は、店着価格とセンターフィーの関係である。図12-3の左側の図に示すように、小売業者が物流センターを有していない場合、卸売業者が小売店舗まで納入する場合は、店着価格でも問題はなかった。しかしながら、チェーン化された小売業者などが物流センターを保有するようになると、店着価格というシステムに問題

【図12-3　物流センターの設置に伴うセンターフィーの発生】

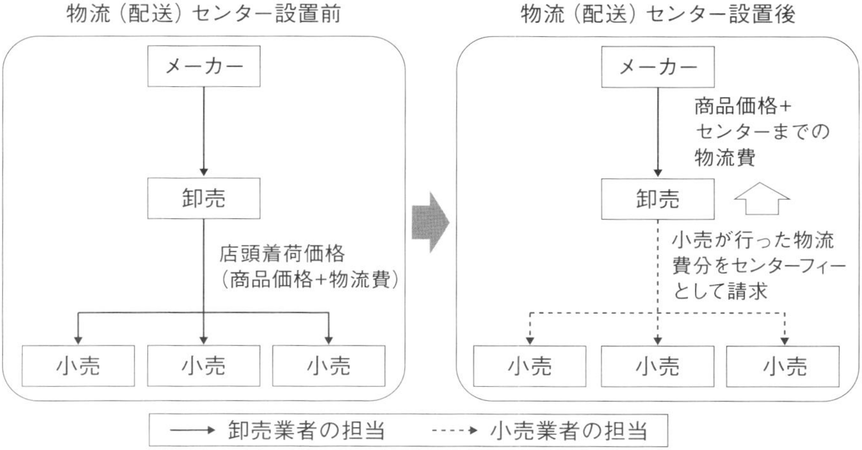

物流（配送）センター設置前

メーカー → 卸売 → 小売／小売／小売
店頭着荷価格（商品価格＋物流費）

物流（配送）センター設置後

メーカー → 卸売　商品価格＋センターまでの物流費
卸売 → 小売／小売／小売
小売が行った物流費分をセンターフィーとして請求

──→ 卸売業者の担当　----→ 小売業者の担当

ダイヤモンド、「業績急落の食品卸業界、収益モデル転換にも限界か」、2008年3月10日を参考に筆者作成

が生じることとなる。

　物流センターが設置されると、センターでの仕分けおよび各店舗までの配送業務は小売側が行うことになるので、業務量という面でみれば、納入業者の負担は減っている。しかし、コスト面でみるとどうであろうか。店着価格の名残から、物流センターでのコストは、小売側が全額負担するのではなく、一部をセンターフィーとして納入業者に求める。つまり、店着価格に元々含まれているはずの、物流センターから小売店までの物流コストが不要になったはずだから、それに見合ったコスト低下分をセンターフィーとして小売に返せということである。確かに物流センターを利用したことで、納入業者のコストは下がっているはずだから、センターフィーがこのコスト低下に見合った額なら問題はない。しかしこのコスト低下分を超えるセンターフィーを支払うことになれば、かえって物流コストが上がることになりかねない。実際、このセンターフィーの料率は小売側が決めるため、場合によっては、納入業者が自身で配送する場合（左側）よりも小売のセンターを経由する場合（右側）のほうがコストが高くなってしまうケースも考えられる。

　そうなると当然、納入業者は自分たちで小売店頭まで運びたいと考えるが、小売側としてもセンターフィーを重要な収入源と考えており、物流の効率化という名目で断られてしまう。なお、実際に小売企業が専用センターを設置する際の動機として、センターフィーを利益として徴収したいという調査結果もある。

　食品分野におけるPB商品流通問題と同じく、公正取引委員会は、物流センターの設置などに伴う費用の負担要請に関する独占禁止法上の考え方として、「取引上優位にある小売業者が納入業者に対して、一方的にその費用負担を強いるのは優越的地位の濫用」として問題視している。

❖ センターフィーを徴収しないケース──ドン・キホーテ

　上で触れたセンターフィーの問題であるが、大手小売業の中でセンターフィーを徴収しないユニークな取り組みを行っている企業がある。それは、ドン・キホーテである。逆風吹き荒れる小売業界において、1989年（平成元年）の1号店開店以来、28期連続の増収営業増益の快進撃を続け、グループで368店、売上高8,288億円（2017年（平成29年）6月期）を誇り、さらに2020年には500店を目標に成長を加速させている。

　1998年（平成10年）に10店舗に達し、その後急成長を続けていくわけである

が、当時、会社の成長に反して、物流体制は手つかずの状態であった。そこで、同じようにチェーン展開している小売企業が採用している一括物流方式を検討するものの、実際の運用方法に関する知識はゼロであったため、コンペを行ったうえで、物流企業のセンコーに管理業務を委託する形で物流センターを開設する。このセンターは、自社の物流効率化を進めるためだけではなく、納入業者の負担を減らす目的も兼ねており、実際、ドン・キホーテの店舗拡大に伴う出荷業務の負担軽減につながっている。加えて、物流センターの運営と店舗配送に関わる費用は、運営業務を行っているセンコーが徴収しており、ドン・キホーテには一銭も入らない上、センコーが納入業者に請求する物流費用も安くできるよう要請しているのである（角井亮一『小売・流通業が知らなきゃいけない物流の知識』商業界、2011年）。これは、ドン・キホーテ創業者の安田隆夫氏が、１号店を開店する以前、卸売業を数年間経験しており、その時の経験が関係していると思われる。また、こうした納入業者を大切にする姿勢は両者の良好な関係づくりにはプラスに働くはずである。

4　おわりに

　戦後から高度経済成長期にかけて、メーカーが主導した流通系列化は、まだまだ零細性の色合いが強かった卸売業者・小売業者を安定経営へと導くと同時に、消費者への家電流通を広げる優れた仕組みであったといえる。もちろん価格硬直性を生み出すという批判もある一方、こうしたメーカーが主導し、系列の卸売店と小売店を傘下に収める流通系列化は、日本独自の取引慣行ではあるが、家電メーカーによるこの成功事例は、他の業界にも導入され、日本の高度成長期を支えた仕組みと評価できる。その後、価格訴求性を前面に押し出した大手家電量販店にシェアを奪われるかたちで流通系列化は衰退し、メーカーから小売へと流通における力関係が変遷していく。
　それとは逆に、近年では、小売主導で新しい取引慣行が形成されてきている。流通の川下で常に消費者に対峙している小売企業は、販売競争力を高めるためバイイングパワーを用いた有利な取引をメーカーあるいは卸に対して求めるようになる。本章では、プライベート・ブランドおよびセンターフィーを題材として小売主導型の取引慣行を紹介した。しかし、メーカー主導の取引慣行にせよ、小売主導の取引

慣行にせよ、力に依拠した取引慣行はそう長くは続かないと思われる。今後は、ドン・キホーテの事例でも取り上げたように、小売企業とメーカーや卸売業との良好な関係づくりが求められよう。

❓考えてみよう

1．流通系列化が成功した背景を考えてみよう。特に、中小零細の個人商店にとって流通系列化がどういった役割を果たしていたのか考えてみよう。
2．コンビニやスーパーでの普段の買い物で、自分がどの程度プライベート・ブランド商品を購入しているか考えてみよう。プライベート・ブランドとナショナルブランドのメリット、デメリットも比較してみよう。
3．小売企業とメーカー（あるいは卸売業）の両者が流通あるいは取引において上手く連携している事例を探してみよう。

参考文献

石原武政・矢作敏行編『日本の流通100年』有斐閣、2004年
大野尚弘『PB戦略：その構造とダイナミクス』千倉書房、2010年
尾崎久仁博「戦前期松下のチャネル行動と経営戦略」彦根論叢第257号、1989年
角井亮一『小売・流通業が知らなきゃいけない物流の知識』商業界、2011年
齊藤　実・矢野裕児・林　克彦『現代ロジスティクス論：基礎理論から経営課題まで』中央経済社、2009年
中嶋嘉孝「家電メーカーにおけるマーケティングチャネルの変遷」大阪商業大学論集第7巻、2011年
山内孝幸『販売会社チャネルの機能と役割：流通系列化のダイナミズム』中央経済社、2010年

次に読んでほしい本

高嶋克義『小売企業の基盤強化：流通パワーシフトにおける関係と組織の再編』有斐閣、2015年
崔　相鐵・石井淳蔵編『流通チャネルの再編』中央経済社、2009年
矢作敏行編『デュアル・ブランド戦略：NB and/or PB』有斐閣、2014年

第13章

売買集中の原理と品揃え形成

1 はじめに
2 商業者とその行動
3 商業者の社会的な存在意義
4 商業者の多様な姿と売買集中の原理
5 おわりに

1 はじめに

　前章まで、われわれを取り巻く商業の姿について学んできた。消費者と直接に接するという意味で目に見える小売業。その背後で活躍している卸売業。彼らの存在を知っていた人も知らなかった人も、われわれの生活が数々の多種多様な商業に支えられていることをあらためて感じたのではないだろうか。

　しかし、その一方で「現代では、インターネットの技術などが発達しているので、生産者と直接に取引をしたほうが安く買えるのではないか」といった疑問をもった人もいるに違いない。あるいは、よりストレートに「なぜ、これほど多くの商業者が存在しているのであろうか」というようなことに興味を抱いた人もいるかもしれない。

　本章では、こうした問題を商業者の行動と役割の観点から考えてみる。すなわち、「商業者とはどのような特徴をもって捉えられるのか」、「商業者が生産者と消費者の間に介在する意義をどのように理解できるのか」、「さまざまな商業者の存在をいかに説明できるのか」、こうした問いに関して理論的な考察を加えてみることとしよう。まずは、商業者とその行動の特徴から考えていこう。

2 商業者とその行動

❖ 商業者とは

　身の回りをあらためて見てみよう。おそらく、自分自身で1からつくったものはほとんどなく、生産者によって作られた商品で溢れているはずである。現代社会では、われわれは、ほとんどの場合、商品を基盤としながら、生活を成り立たせている。

　一方で、買い物を消費以外の目的で行う人たちがいる。その代表が、「他人に売るために買い物をする人たち」、すなわち、「商業者」である。商業者にみられるこ

の活動は、「再度、売るために、買う」という意味で「再販売購入活動」とよばれる。商業者は、この再販売購入活動によってみずからの利益を追求する主体として流通の過程に登場している。

❖ 商業者の行動

　こうした商業者の行動の特徴を考えてみよう。次の２つがあげられる。
　第１に、商業者は、より大きな利益を得るために、「安く買って、高く売る」ということを目指すであろう。商業者が得る利益の源泉は、商品を買った価格（仕入価格）と商品を売った価格（販売価格）との差額である。この差額を粗利益（あるいはマージン）とよぶが、商業者が自身の収益を大きくしたいのであれば、この粗利益を大きくすればよい。
　第２に、商業者は、「たくさん売る」ということを目指すであろう。商業者が得る総利益は、商品１つ当たりの粗利益と共に販売数量によって決まるからである。
　このように、商業者は、再販売購入活動を通してより多くの収益を得たいと考えるほど、「安く買って、高く売る」、そして、「たくさん売る」、この２つを実現しようと努力することであろう。まずは、これらが、商業者の行動にみられる基本的な特徴になるといえる。

❖ 商業者の社会的性格と品揃え形成

　では、商業者は、この２つの目的の実現のために、どのような行動をとるであろうか。
　まず、商品を購入する場面を考えてみよう。もし、商業者が「よりたくさん売って収益をあげたい」と思うならば、生産者が誰であるかには関係なく、自分が「売れる」と思った商品を買い集めるに違いない。
　次に、商品を販売する場面を考えてみよう。ここでも同様に、もし、商業者が「よりたくさん売って収益をあげたい」と思うならば、買い手が誰であるかにはかかわらず、自分が示す条件を受け入れてくれる買い手にはいくらでも売るに違いない。
　以上の２つの行動は、商業者が「自身の再販売購入活動を通してできる限り大きな収益をあげたい」と考える場合に想定される行動である。そして、ここで強調し

ておきたい点は、その行動が決して特定の生産者や特定の消費者のためのものではなく、「誰からでも買い、誰にでも売る」という行動であるということである。このような商業者の性格を「商業者の社会性（社会的性格）」という。

そして、商業者が社会性をもつとき、彼らが「売れる」と思った商品が彼らの手元に集まることになる。商業者が商品をみずからの手元に揃えることを「品揃え形成」というが、社会性をもった商業者は、より多くの買い手を引き寄せることができるよう、自身が選び抜いた商品によって品揃え形成を行っていくに違いない。個々の商業者からみれば、どのような品揃えを形成するかが、消費者を引きつけるうえでも、またほかの商業者に勝つためにも、とても重要な課題となるのである。

3 商業者の社会的な存在意義

❖ 商業者の存在根拠とは

商業者に想定される行動として、まずは、個々の商業者が、自身が「売れる」と信じた品揃え形成を通してその収益を最大化するべく、日々の再販売購入活動に努める姿がイメージできたであろう。

ただし、個々の商業者がこうした動機のもとに流通の過程に登場し、個々の意図のもとにその活動を行えるということと、流通過程の中に商業者が存在し続けているということとは別の問題である。たとえ個々の動機から商業者が生まれるとしても、一方で、社会においてその存在が不要とみなされてしまうような存在であるのならば、商業者は実際には存在できないだろう。

こうした観点から、次に考えたいのが商業者の存在根拠に関する問題である。というのも、現代では通信販売やインターネット販売によって小売店に行かずに買い物ができるからだ。ネットで小売店より安い買い物ができた、というような経験をもつ人も少なからずいるだろう。ところが、それでもわれわれはたいていの買い物を、多くの小売店（商業者）でしていて、そのことに対して、特段の違和感を抱いているわけでもない。

これは一体どうしてなのだろうか。この問題を考えるために、「もし、われわれ

第13章　売買集中の原理と品揃え形成

の社会に商業者がいなければどうなるか」を考えてみよう。そのことで逆に商業者の存在意義を浮き彫りになるからだ。

❖ 消費者への利便性

　まずは、消費者の側から考えてみよう。もし、商業者がいなければどのようなことが起こりそうだろうか。ここでは、特に、次の2点を確認しておこう。
　第1に、商業者がいなければ、われわれは、生活に必要な商品を揃えるために、1人ひとりの生産者と取引をしなければならなくなりそうである。例えば、朝食の準備などを考えてみればよい。消費者が関連する商品を同時に購入することを「関連購買」というが、その食材を揃えようとする場合、商業者がいなければ、必要な食材を全て、それぞれの生産者のもとに直接に買いに行くことが必要になる。
　第2に、商業者がいなければ、われわれは、商品を見比べるためにも、1人ひとりの生産者の元を訪れなければならなくなりそうである。例えば、ジャケットを買うことを考えてみよう。消費者が同種の商品を比較検討しながら買物すること「比較購買」というが、ほかのものと見比べながら商品を選びたいと思う場合には、個々の生産者の元に直接出向いていかなければならなくなる。お金だけでなく時間や労力あるいは精神的な負担も含めて、必要な商品を探すための費用が大幅にかかるであろう。
　これに対して、商業者がいればどうであろうか。商業者は「売れる」と思った商品を自分の手元に揃えている。このため、買い手は、例えば、朝食の準備であれば食品スーパー、またジャケットの購入であれば百貨店など、自分が必要とする商品

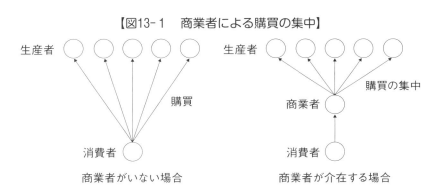

【図13-1　商業者による購買の集中】

❖

を揃えている商業者のもとを訪れてみればよい。そこでは、関連購買や比較購買を一度に行うことができるであろう。

このように、商業者がいれば消費者は個々の生産者のところに行く必要はなくなることになる。この時、商業者は、いわば、多くの消費者の共同の「購買代理人」として、買い手の購買を一手に集中して行ってくれる存在となっているのである（図13-1）。

❖ 生産者への利便性

次に、生産者の側からも考えてみよう。もし、商業者がいなければどのようなことになるだろうか。ここでは、販売に関する取引や交渉の観点から、次の2点を確認しておこう。

第1に、商業者がいなければ、生産者は1人ひとりと取引や交渉をしなければならなくなるであろう。消費者がそうであったのと同様である。

第2に、直接には販売につながらない場合においても、例えば、商品を探しにくる消費者1人ひとりに対応しなければならなくなるであろう。このため、例えば、来訪する消費者を受け入れるための施設などもつくらねばならなくなるかもしれない。

いずれにしても、商品を買ってくれそうな消費者を探し出すための費用や時間、あるいは、場所の設定も含めて、個別の交渉に関する費用や時間が大幅にかかりそうである。

これに対して、商業者がいればどうだろうか。商業者は「売れる」と思えば、商

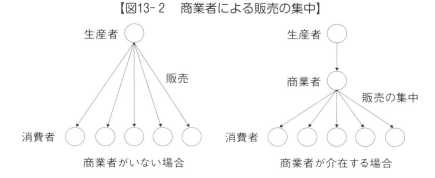

【図13-2　商業者による販売の集中】

品を買ってくれる。そして、その商品を欲しいと思う買い手を探して再販売してくれる。このため、生産者にとってみれば、まずは商業者に販売できればよいこととなる。

このように、生産者は、商業者に販売できれば、その後の再販売は商業者に任せることで、ひとまずは消費者の探索や交渉などの問題を解消することができることになる。この時、商業者は、いわば、多くの生産者の共同の「販売代理人」として、生産者の販売を一手に集中して行ってくれる存在となっているのである（図13-2）。

❖ 売買集中の原理

以上の理解から導かれる強調点が、この「購買代理人」と「販売代理人」という特徴を合わせてみた場合、社会的性格をもった商業者は、その品揃え形成活動をとおして、自身の手元に多数の販売と多数の購買を集中させることになっているということである（図13-3）。

【図13-3　商業者による売買の集中】

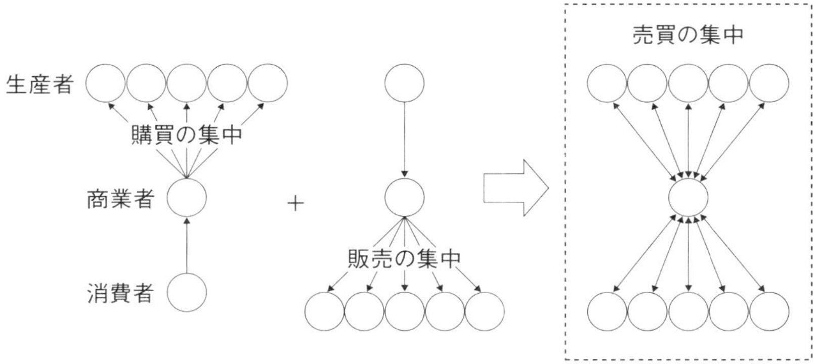

商業者に働くこのような原理を「売買集中の原理」という。すなわち、商業者は、自身の手元に多数の販売と多数の購買を集中することで、さまざまな売り手と買い手が1つの場所で出会うことができるような場を形成している。商業者はこうした場を提供する主体として売り手と買い手の間に介在し、生産と消費の橋渡しをしているのである（Column13-1）。

Column13-1

商業者の役割

　ずっと昔、人々は集団で生活をし、自分たちの生活に必要なものは自分たちでつくっていた。自給自足の社会である。しかし、時代が進むにつれて、それぞれの商品を専門的につくる人たちにどんどんと分かれてくる。なぜなら、そうしたほうが効率的だからだ。それが分業化社会である。そして今、私たちは高度に分業した社会の中で生活をしている。

　分業化社会においては、生産者と消費者は全く離れてしまう。この隔たりを結びつけるのが流通である。流通の役割は、離れてしまった生産者と消費者との間に生じたギャップを埋めることにある。例えば、流通は、生産者がつくった物を消費者に売り渡していくという機能を果たす。これは交渉や売買を通してその商品に対する需要と供給を結び付けていくという意味で需給接合機能とよばれる。また、流通は、生産者がつくったものを消費者が必要な場所に届けたり、必要となる時まで保管するという機能も果たす。実際の物の流れを司る機能という意味で物流機能とよばれる。そのほかにも、流通は、情報伝達機能や危険負担機能、あるいは決済機能や金融機能などといわれるさまざまな機能を担っている。

　商業者は生産者と消費者の間に介在することで、上にみたような流通機能を果たす。このため、商業者がいなくなれば、生産者との取引や交渉、あるいは物理的な移動にかかる費用などの面でも不便になることだろう。ただし、こうした流通の機能は必ずしも商業者に固有の機能ではない。例えば、通信販売による直接販売などにみられるように、流通機能そのものは生産者自身や消費者が自ら担うこともできる。

　では、商業者に固有の機能とは何なのだろう。その１つが、商業者の社会性（社会的性格）を基礎とした品揃え形成である。商業者は自己の再販売活動を目的とした品揃え形成を通して、自らの手元に売買を集中する。そのことにより、取引数や探索費用の節約はもとより、生産者の販売のリスクを吸収したり、需給情報も含めた情報伝達の役割を果たしたりするのである。こうした機能を通して、商業者は、経済学が想定するような市場を現実のものとして成立させる基盤となっている。

❖ 商業者の役割

　そして、この売買集中の原理の働きを確認することで、社会的な観点からも、商業者が生産者と消費者の間に介在する意義が明らかになる。以下の３つの意義を確認しておこう。

　第１が、商業者による売買集中によって、商品の取引に必要な時間や費用が節約されるということである。先にみたように、少なくとも、同じ品揃えの商品での比較でいえば、生産者と消費者が直接に取引する場合に比べて、商業者が介在する場合のほうが取引の数は減ることが理解されるであろう。こうした機能を導く原理は「取引数節約（削減）の原理」とよばれている。

　第２が、売買の集中によって商業者が形成する品揃えが、生産者にとっては多数の消費者における需要情報を、また、消費者にとっては多数の生産者における供給情報をうかがう場になっているということである。例えば、街の書店の店頭には、多くの新刊書やベストセラー本などが並べられているが、消費者は、その店頭の品揃えをみることで、「新たにどのような書籍が出版されたのか」、あるいは、「最近、どのような書籍が売れているのか」ということをあらためて知ることができる。一方、出版社は、書店の販売状況をみることで、「今、どの書籍に人気があるのか」、またより広く「消費者はどのような書籍を求めているのか」というようなことを知ることができる。すなわち、商業者の売買集中により、供給と需要が出会い、互い

【写真13-1　商業者による品揃えと消費者】

funkyfrogstock/Shutterstock.com

❖

　の動向をうかがったり、互いの行動を調整したりしながら、両者を接合させるという機能、すなわち、需給接合機能を果たすことになっているのである。こうした機能を導く原理は「情報縮約・斉合の原理」とよばれている。

　第３が、商業者の売買集中による品揃え形成が、より能動的に、需要そのものを創造する機能、すなわち需要創造機能（これは第１章でみた欲望創出と同じ作用である）をも果たしているということである。例えば、先にみた書店でもよいし、百貨店や家電量販店あるいはスーパーなどでもよい。その店舗に行くまでは知らなかった新商品に店頭で出会うことで購入に至ったというような経験は誰にでもあるのではないだろうか。あるいは、既存商品であっても、商業者による店頭での商品提案等をみて新たな使い方に気づき、購入するようになったというような商品もあるかもしれない。一方、生産者側においては、生産者の期待や意図にはかかわらず、その商品がどのように消費者に受け入れられるのかは生産段階では不定である。そうした中、先にもみたように、商業者にその販売が託され商品と消費者が出会う中で、その商品の価値があらためて確認されたり、さらには新たな価値が見出されたりしているのである。

　ここで、あらためて確認しておきたい点が、商業者の社会性（社会的性格）の意義である。先にもみたように、そこには、商業者が、より能動的に、自身が「売れる」と思った商品をその手元に集め、品揃え形成を行うことで、消費者の利便性の追求はもとより、消費者にまだ知られていない商品の需要を新たに喚起したり、さらには、その商業者や生産者ですら当初は思いもしていなかったような欲望を創出しようという姿がある。社会における新たな価値の創造という観点からすれば、むしろ、商業が果たしてきた役割としてより強調されるのはこの機能であろう。

　このように、商業者は、再販売購入者として、ただ生産者と消費者の間に介在することで、そこに上乗せされた利益を得ているわけではない。そうではなく、商業者への売買の集中のもと、生産者と消費者の取引を効率化することはもちろん、生産者と消費者あるいは商品と消費者の新たな出会いの場をつくり出し、供給と需要を接合し、さらには、新たな需要や価値を創造する役割を担っているのである。こうした役割を果たす以上、商業者はその存在意義をもつことになる（Column13-2）。

Column13-2

商業者による取引の計画性の濃度差の調整

　本文でも述べたように商業者による売買集中が生産者と消費者の探索費用や探索時間を大幅に軽減する。この効果は「取引数節約の効果」あるいは「情報縮約の効果」として知られている。

　しかし、生産者の生産活動と消費者の購買活動を円滑に結びつけるためには、もう1つの重要な要素がある。それは、生産側（川上）の計画性と消費側（川下）の無計画性の調整である。

　まず、生産側について、メーカーの工場をイメージしてみよう。そこでは、工場設備の稼働計画、工場の従業員の工面、あるいは原材料の調達などに関する綿密な計画のもとに、絶え間なく製品が生産され続けられていることが容易に想像できるであろう。

　一方で、消費側はどうだろうか。例えば、ペットボトル入りのお茶の購買をイメージしてみよう。あるお茶を「たまたま喉が渇いたから」しかも「たまたま自動販売機にそのお茶があったから」というような理由で買ったことがある経験を持つ人は多いのではないだろうか。このように、われわれは、ほとんどの場合、特段の計画を持たずに日々の買物を行っているのだ。

　すなわち、川上の生産者は、いわばこの「気まぐれな」川下の消費者を相手にしつつ、自らは継続的かつ計画的な生産を行わねばならないこととなる。このように、取引の計画性が取引の川上から川下に向けて弱まっていくことを「取引の計画性の希釈」という。そして、商業者は、他のさまざまな流通機能とあわせて、この取引の計画性の濃度差の調整をも担う役割をもって、流通の過程に現れるのである。

　商業者は卸売から小売に至る多段階の流通構造を形成する。そして、その中で、川上から川下に向かうに従って取引単位を小さくしていくと同時に、できる限り、多数の取引関係を結ぶことで全体としての取引の継続性を確保する。そして、さらに、卸売、小売の各段階でそれぞれに在庫を保有することによって各取引相手からの不安定な注文に応えていく。こうした商業による流通過程の編成の結果、川上の計画的な取引が川下の計画性のない取引に結び付けられることが可能となるのである。

　経済学が想定している分散的で一過性の取引関係を前提とした競争市場の概念からすれば、現実の川上の取引にみられる計画性はまったく似つかわしくないものとして映るかもしれない。しかし、われわれの目の前には「継続的かつ計画的

な大量生産」と「一過的かつ無計画的な個々の消費者の購買」という性質の異なる2つの現実がある。この間のギャップを埋めているのが商業者なのである。ここにおいても、商業者は経済学が想定するような市場を現実的に成立させる役割を果たしているのである。

4 商業者の多様な姿と売買集中の原理

❖ 売買集中の原理の制約要因

商業者が生産者と消費者の間に介在する意義を確認してきた。そこでは、売買集中の原理とその働きが1つの鍵となっていることがイメージできたであろう。

ただし、現実にはあらゆる商品が1人の商業者のもとに集まっているわけではない。すなわち、「商業者は売買を集中する」といっても、あらゆる商品が1人の商業者のもとに集中するということを意味するわけではないのである。

その理由としてあげられるのが、商品の買い手側と供給者側の双方において、売買集中の原理を制約する要因があるということである。ここでは、その制約要因として、次の3点をあげておくこととしよう。

第1が、消費者の買物行動の範囲による空間的・地理的な制約である。例えば、夕食のための食材が少し安いからといって、わざわざ電車に乗って隣の町のスーパーに行くことはないであろう。一方、何万円もするようなカバンであれば、少し遠くてもいくつかのお店を回り、いろいろと見比べてから買いたいと思うのではないだろうか。売買集中の範囲は、こうした消費者の買物行動の範囲によって左右される。

第2が、商業者の商品取扱い技術の制約である。例えば、魚屋を営んでいる商業者がその商店で紳士服も取り扱うことは難しいであろう。なぜなら、商品を取り扱う技術や設備あるいは知識や情報がまったく異なるからである。その逆もまたしかりである。このように、売買集中の範囲は商業者がもつ商品の取扱い技術によって左右される。

第3が、消費者の関連購買の範囲による制約である。例えば、夕食の準備のための買物に行ったお店に、食材以外の大量の家電や衣類などが揃えられていたとしても、その品揃えは、便利などころか却って不便なものにまで映るかもしれない。このように、売買集中の範囲は消費者の関連購買の範囲によっても左右される。

❖ 多様な商業者と個別の品揃え

　こうして、現実の商業者の姿は、以上にみたような制約要因の中で最大限に売買の集中を達成しようとして形成されてきた姿として捉えられることになる。例えば、品揃えの広さが比較的狭い商業者の代表は、八百屋や魚屋などの専門店である。同種の商品に絞った品揃えの狭さは商品取扱い技術の制約を強く受けることによるが、その一方で、商品単価が低く購買頻度が高い商品（「最寄品」という）をその品揃えの中心とすることで、消費者の狭い行動範囲に対応した売買の集中を達成している。

　また、品揃えの広さを関連購買の範囲まで拡大した商業者の代表が、食品スーパーや家電量販店などの専門量販店である。これらの商業者は商品取扱い技術を関連購買商品の範囲まで拡大すると共に、深い品揃えを実現している。

　あるいは、品揃えの広さを関連購買の範囲を越えて拡大した商業者の代表が、百貨店や総合スーパー、あるいはコンビニエンス・ストアである。彼らは、店舗の管理技術を発展させることによって商品取扱い技術の壁を乗り越えてきた商業者たちである。百貨店や総合スーパーは、消費者が情報を求めていろいろと買い回るような商品（「買回り品」という）を含む品揃えを行うことで消費者の行動範囲の広さに対応すると共に、関連購買の範囲を拡大している。また、コンビニエンス・ストアは、品揃えの深さは非常に浅いが売れ筋に絞った品揃えを実現することで、消費者の狭い行動範囲に対応しつつ、消費者の日常生活にとって利便性の高い品揃えを達成している。

❖ 集積単位での品揃え

　このように、売買集中の原理は、1人の商業者へのすべての集中を意味するわけではない。個々の商業者のレベルでは、一定の制約の範囲内でのみ働くこととなる。では、売買集中の原理は現実には限られた働きしか示さないのだろうか。実は、

より広い単位でみてみれば、個別の商業者による売買の集中の制約を前提としつつ、一方ではその制約を越えようとする力が働いているものとして理解できる。そのような働きの表れとして、次の2点を確認しておこう。

　第1が、商業集積による売買の集中である。前述したように、確かに個別の商業者はその商品の取扱い技術の制約を受けて狭い品揃えにとどまるかもしれない。一方で、もちろん、その品揃えは消費者の関連購買の範囲と一致するものではない。この不一致の解消をいかに行うのかが課題となるが、その1つの解決の姿が「商業集積」である。すなわち、個別の商業者が集まることで、商品取扱い技術の制約による品揃えの限界と関連購買行動の範囲との不一致が解消されている。

　第2は、より広く、消費者の行動半径すなわち買い物圏の中での品揃え形成である。消費者にとっては、たとえ、1つの場所にすべての商品が揃っていなくとも、自身の買物行動範囲の中に必要な商品を扱う小売店があれば充分であろう。つまり、「買い物圏のレベルでの売買の集中」が充分であれば、消費者は不便を感じることはない。この買い物圏としては、一般的に、都市や地域などの境界がその単位となっている。

　上記の2つのレベルでの品揃えは、個別の商業者による品揃えを、「個別の品揃え」とよぶとすれば、「集積単位（あるいは集計レベル）の品揃え」ということができるといえよう。

　こうして、売買集中の原理は、その制約要因にもかかわらず、現実において可能な限りその作用を発揮する。そして、商業者は、まずは、個々の自由で能動的な品揃え形成のもとにそれぞれが新たな需要創造を試みる主体となる一方で、社会全体としてみれば、売買集中の原理が最大限に達成されるための基盤となっている。

5　おわりに

　本章では、商業者の意義や役割あるいは特徴などについて、理論的な考察をしてきた。その要点を次の4点に整理しておこう。

　第1に、商業者は特定の生産者や消費者から独立した再販売購入者として流通の過程に現れる。この商業者の性格を「商業者の社会性（社会的性格）」という。

　第2に、社会的性格をもった商業者は自身の品揃え形成を通して自身の手元に多

数の販売と購買とを集中する。この働きを「売買集中の原理」という。

　第3に、商業者に固有の役割は、売買集中の原理のもとで理解できる。取引の効率化、需給接合機能、需要創造機能がそれである。

　第4に、現実には、売買集中の原理が一定の制約を受ける中、多様な商業者が生み出されると共に、その制約を超えようとする力もまた働いている。その鍵となるのが、商品取扱い技術の拡大や店舗管理技術の発展に向けた創意工夫と「集積単位の品揃え」である。

　商業者は、こうした独自の行動と機能をもって流通の過程に登場すると共に、現実における市場の担い手としての役割を果たしているのである。

❓考えてみよう

1. 身近な商業者を取り上げてみよう。そして、その商業者がどのような意味で売買を集中しているといえるのかを考えてみよう。
2. 商業者が、その再販売購入活動と品揃え形成活動をとおして、新たな需要を創造していると思われる事例を探してみよう。そして、それが、なぜ可能となるのかを考えてみよう。
3. インターネットでの買物と商店での買物とはどのような違いがあるだろうか。また、それぞれのメリットやデメリットはどんな点にあるだろうか。具体的な商品をいくつか取り上げながら、両者の特徴を考えてみよう。

参考文献

石原武政・池尾恭一・佐藤善信『商業学』（新版）、有斐閣、2000年
高嶋克義『現代商業学』、有斐閣、2002年
田島義博・原田英生編『ゼミナール流通入門』、日本経済新聞社、1997年
原田英生・向山雅夫・渡辺達朗『ベーシック流通と商業：現実から学ぶ理論としくみ』（新版）、有斐閣、2010年

次に読んでほしい本

石原武政『商業組織の内部編成』、千倉書房、2000年
大阪市立大学商学部編『流通』（ビジネス・エッセンシャルズ〈5〉）、有斐閣、2002年

第14章

商業とまちづくり

1　はじめに
2　元町商店街のまちづくり
3　商業とまちづくり
4　おわりに

1 はじめに

　ショッピングセンター内の写真だけを見て、それがどこのショッピングセンターかを答えられるだろうか。一方、商店街ではどうだろうか。おそらく、ショッピングセンターの場合は内装や店舗のラインナップが似通っているため、それがどこのショッピングセンターなのかを判定するのはかなり難しいだろう。逆に、商店街の場合は、そこにその地域の個性などが表れていれば、どこの商店街かを答えられる人は、ショッピングセンターよりは多そうである。

　ショッピングセンターも商店街も、商業が集まった場所という意味では同じ商業集積である。だが、前者よりも後者のほうが、その場にまちの個性が表れやすい。第5章でもみたとおり、本当なら、全体として管理しやすいショッピングセンターのほうが個性を表しやすいはずなのに、奇妙なことである。これには、商業がまちとどのようにかかわろうとするのかが関係する。

　本章では、横浜にある元町商店街の事例を通じて、商業集積が街とかかわりあいをもつ理由を考えていく。

2 元町商店街のまちづくり

❖ 元町商店街の概要

　元町商店街は、神奈川県横浜市のみなとみらい線の元町・中華街駅とJR石川駅の間に位置する長さ約600メートルの広域型商店街である。起源は江戸末期、1859年（安政6年）の横浜港開港までさかのぼる。開港以降、外国人が山手居留地に住むようになり、元町通りは居住地と業務地を結ぶ日常的な通り道になった。それに伴い、彼らの生活必需品を揃える商店街として、元町商店街は自然発生的に誕生した。当時、外国人が求める商品は日本ではまだつくられていないことが多く、

元町商店街の店舗では、1階では商品を販売しつつ、2階で製造するということも珍しくなかった。こうして元町商店街はエキゾチックな街を形成していった。

しかし、1923年（大正12年）の関東大震災や、各地の開港、そして外国人居留地を拠点としていた外国商社が東京に移転するに伴い、元町商店街は徐々に活気を失っていった。この状況を一変させたのは第2次世界大戦である。空襲により焼け野原になったものの、戦後には進駐軍が大挙して横浜に上陸し、元町商店街は、それまでに培ってきた外国人を相手にした商売のノウハウを活かす形で復興を遂げていくことになった。だが、主要顧客であった外国人はGHQによる店舗接収が解除されるに従い減少していき、1950年代半ば（昭和30年頃）の朝鮮戦争期には基地が三沢や厚木に移されたこともあり、深刻な顧客離れが発生した。この危機感から元町商店街のまちづくりがスタートする。

❖ 元町商店街の運営主体と活動

商店街が迎えた危機はしかし、さまざまな努力によって乗り越えられていくことになる。実施主体は協同組合元町SS会（以下、元町SS会とする）である。元町SS会はもともと、進駐軍との折衝を行うために1946年（昭和21年）に結成された組織で、1950年（昭和25年）に中小企業等協同組合法に基づく協同組合組織となり、1952年（昭和27年）に現在の名称となった。まちづくりという観点から元町SS会の特徴をさらにまとめるなら、高い加盟率、豊富な収入、そして「まちづくり協定」の遵守の3つが重要である。

加盟率は、年によって若干の増減はあるが、対象地区にある店舗のうちの95％以上が加盟している。チェーン店や外資系の専門店も出店していることを考えると、加盟率はきわめて高い水準にあるといえる。加盟率を高めるために、地元の不動産会社と連携し、出店予定者に対して不動産会社から出店には組合加入が義務付けられていることを事前に説明するという工夫を行っている。

収入には賦課金収入と事業収入がある。店舗ごとの賦課金は数千円から数十万円で、立地条件、階別、間口、店舗面積、売上高、そして業種などによって変動する。事業収入については、元町通りに所有する2つの商業ビルの家賃収入があるほか、立体駐車場も所有しており、クレジットカード事業も任されている。これらの収入はすべて広告宣伝費に充てられ、まちの維持・管理には使わないことになっている。まちの維持・管理には別途、間口1メートルに対して3,600円を加盟店から徴収し、

それらをメンテナンスや銀行への返済に充てている。このほかにも、補助金を受けることもある。

「まちづくり協定」は、1985年（昭和60年）6月に横浜・元町の地元関係者の間で締結された。この協定は、来街者が快適に買い物できる空間でおもてなしをする、というホスピタリティの精神に基づいている。具体的には、元町SS会を対象に、新・増築の際には街のイメージにそぐわない風俗店やワンルームマンション、あるいは銀行なども締め出し、業務用自動車の表通りでの使用を禁止する、といった景観に関することが取り決められた。近年では元町SS会、他の商店街、任意団体、そして町内会の4団体が対象となっている。まちづくり協定はその後、元町まちづくり公式ルールブックとしてまとめられ、現在までにさまざまな活動の指針となっている。詳述するスペースの余裕はないが、一国一城の主の集まりである商店街でこうした協定をつくって運営するのには多大な努力を要することを十分に認識しておく必要がある。

では、具体的なまちづくりの歴史をみていこう。元町商店街のまちづくりは大きく3つの期に分けることができる。

❖ 第1期まちづくり：壁面線後退（セットバック）

第1期は1955年（昭和30年）からスタートした。主要顧客であった外国人の姿が減っていった時期に、商店街にもう一度顧客を呼び戻そうとはじめられた。具体的には、歩道と車道の区別がなかった道に歩道を整備した。この際、横浜市より壁面線後退の指定を受け、県・市および横浜銀行の協力を得て路面線を後退させるという対応をとった。いわゆるセットバックである。セットバックの対象となったのは商店街の全長1,000メートルで、セットバックの幅は1.8メートルであった。両側が1.8メートルずつセットバックされたため、道幅は3.6メートル広くなった。

この活動については、正式な協定書が交わされたといった記録はなく、商業者間の合意に基づいて行われたが、セットバックによって買い物客が安心して歩ける歩道と、車が走りやすい街路が実現し、同時に、街並みも整備されることになった。10年かかったこの事業は後の街並み形成の礎となっている。

当時も今も同じであるが、商業者にとって土地は重要な資産であり相当な反対があったが、顧客減少という危機感を組合員が共有していたことはもちろん、理事長をはじめとする役員の強力なリーダーシップと、取引銀行を一元化することによる

【写真14-1　2階部分がアーケードの役割】

写真提供：元町SS会

横浜銀行の支援もあった。結果として、店舗建て替えのタイミングを利用しながら、10年という歳月を費やし、セットバックが実現した。

　こうしてでき上がったセットバックは、後にさらに重要な意味をもつようになる。それはアーケードとしての機能である。当初は、セットバックは道路確保のためという認識が最も強かったと考えられているが、1階部分をセットバックすることで、店舗の2階部分は歩道に突き出したような形になる（写真14-1）。1階よりも上の部分は所有者の自由なので、2階よりも上の部分もすべてセットバックするというやり方も考えられるが、そうしたやり方でセットバックした店舗はなく、結果として、2階部分は雨や日差しから歩行者を守る役割を果たすことになった。つまり、2階部分がアーケードの代わりとなり、歩行者が快適に買い物できる空間がつくり出されたのである。

❖ 第2期まちづくり：道路の再整備

　第2期は1985年（昭和60年）にスタートした。第1期と同様に主眼はハード面に置かれており、街の景観をよくすることと、車との共存共栄を図ることを目的として、主として道路の再整備が行われた。具体的には、歩車道分離道路を歩車道共存道路にする作業、電線の地中化、路面の整備、そして二車線道路の一方通行化を行った。さらには、道路の両側に交互にパーキングエリアをつくることによって、まっすぐだった車道をS字カーブの蛇行した道に変更した（写真14-2）。

　道路は国が管轄しているため、幅を変更し、一方通行化し、S字に曲げるのは大

【写真14-2　S字に曲がった街路】

写真提供：元町SS会

　変なことだが、もともとの道路が幹線ではなかったことから、なんとか成し遂げることができた。道路をS字に曲げることで車のスピードを抑制することができるが、この発想は、当時提携していたヨーロッパの商店街を視察することから得られたものであった。

　でき上がった道路は商店街の来街者が利用するだけでなく、店舗に商品を運ぶ運送トラックも使う。公道であるため商店街に関係のない自動車も利用する。当時、クルマ社会化がますます進展しており、他の商店街が通行止めという対応をとったりしている中で、元町商店街は車と共存する道を選んだ。その理由の1つは、まちを走る車はやがてファッションの1つと認識されるようになり、そうした車の存在自体が商店街のイメージアップにつながると考えられたからである。

　実際、1996年（平成8年）には約40台分のパーキングメーター駐車場に欧州車を中心とした高級車を配置し、自動車ショーを行うとともに、車の横に設けられた商談スペースで展示車を扱う輸入車ディーラーの担当者が車の説明を行った。駐車場の設置により収益を得るとともに、商店街のイメージ向上につなげるというアイデアは、その後、大型の高級外車や車高のあるハイルーフ車を収納できる駐車場の設置にもつながっていった。

　この頃には、まちとしても余裕がでてきて、テナントに入ってもらう店舗を元町SS会が選定することもできるようになっていた。土地そのものを商店街が買い取り入居者を選ぶこともあった。というのも、バブル期には土地を所有してもそこに店舗をつくらず転売するだけの企業がでてきており、店舗のラインナップを充実させる必要がある元町SS会としては、そうした行動を見過ごせなかったからである。

❖ 第3期まちづくり：歩車道の再整備と共同配送の導入

(1) 歩車道の再整備

　第3期は2003年（平成15年）にスタートした。第1期と2期ではハード面の整備が主眼であったが、第3期ではハードとソフト両面での取り組みがみられる。この時期に行った理由は、2004年（平成16年）2月に横浜市営地下鉄のMM（みなとみらい）新線が開通することになっており、渋谷方面への顧客流出が懸念されたからである。

　具体的に行ったハード事業は歩車道の整備である。来街者に対するホスピタリティを向上させるため、歩道の舗装の変更、バリアフリー化、キャノピー（天蓋）が設置され、ベンチやインフォメーションタワーが設置された。第2期まちづくりで御影石のピンコロ石を埋め込んだ舗装は、歩きにくいという声があがっていたため、アルゼンチンの石を用いて新たに舗装を行った。また、歩道と車道の段差をスロープにすることでバリアフリー化も行った。キャノピーについては、元町通りは両側が1.8メートルずつセットバックされているため2階部分が庇となって来街者を雨や日差しから守っていたのだが、街区と街区の間はそういうわけにはいかない。そこで、街区と街区の間にキャノピーを設置することで、来街者に対しては歩きやすさを、まち全体としてはすぐれた景観を提供した（写真14-1）。ほかにも、ベンチやインフォメーションタワー、ちょっと変わったところではペットの水飲み場を設置することで来街者が快適に過ごせるような工夫を施した。

(2) 共同配送の導入

　ソフト事業としては、共同配送事業、すなわち業務を委託した業者が元町SS会の加盟店の荷物を共同で発送する仕組みを導入した。この活動は、商店街の魅力向上を目指したと同時に、まちとしての公共的側面も意識している。共同配送の目的は、元町地区を往来する配送トラックを大幅に削減することによって歩きやすい安全な空間を実現すること、そしてCO_2を削減することである。この仕組みは社会実験としてはじまった。

　具体的な流れは次のとおりである。例えば、加盟店に荷物が送られてくる場合、各運送会社は商店街近く（徒歩10分程度）の広さ200坪程度の配送センターに荷物を搬入する。そこで地元企業が店舗ごとに荷物を仕分け、天然ガスを燃料とする

【図14-1　共同配送の作業の流れ】

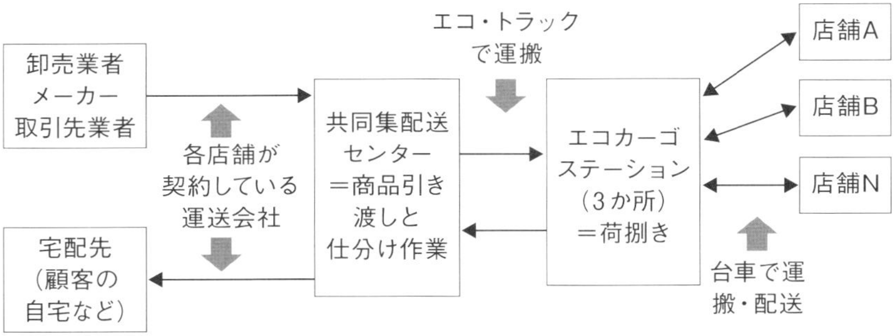

出所：横山斉理・水越康介「まちづくりを可能にする小売業の外部性」、水越康介・藤田健編著『新しい公共・非営利のマーケティング』碩学舎、2013年、第8章、p.180

　3台のエコ・トラックで元町通り付近の3か所に設けられた専用の荷捌き場に1日数回運搬する。荷捌き場から店への配達は台車を利用する。逆に、加盟店が商品を発送する場合は、すべての荷物をエコ・トラックがいったん配送センターに送り、そこで各運送会社は荷物を受け取って全国に配達する（図14-1）。

3　商業とまちづくり

　以上で元町商店街（協同組合元町SS会）のこれまでの取り組みの中でも、本章の学びと最も密接に関連する3つのまちづくりについてみてきた。しかし、一体なぜ商売人の集まりである組合がここまでまちづくりに努力を投入しなければならないのだろうか。
　この点を理解するために、ここからは、商業者がまちづくりに取り組むことになる理由を考えることにしよう。ここでは、商業とまちづくりの関係を理解するために重要な視点である、商業集積と商業の外部性、商業者によるまちづくりの合理性、そして商業まちづくりにおける営利・非営利の関係についてみていく。

❖ 商業集積と商業の外部性

　商業、特に小売業が集積する傾向があることは、古今東西、小売業の姿を観察す

Column14-1

商業集積における依存と競争

　商業が集積するのは全体としての品揃えが充実することで顧客に利便性を提供できるからである。これは、自然発生的に発展した商店街でも計画的につくり出されたショッピングセンターでも、あるいは楽天のようなネット上のモールでも同じである（詳しくは第5章）。集積としてのパフォーマンスは、商業集積内部で商業者同士がどのような競争を繰り広げているかにかかっている。

　商業集積の内部では、商業者同士は基本的に顧客からの支持を巡って競争を繰り広げている。この際には2つのパターンがある。ひとつは、売れ行きのよい商品を簡単に模倣して（つまり自分の店でも同じ商品を扱うことによって）顧客を奪い合うパターン（同質的競争）で、もうひとつは、自店舗の顧客をよく観察して、それらの人々に対して他の店舗と差別化された価値を提供することによって顧客からの支持を得ようとするパターン（創造的競争）である。

　商業集積全体の持続可能性を考えると、後者のパターンのほうが好ましいことが多い。というのは、個々の店舗が自店舗の顧客に対して最適化していくことで、商業集積は全体として、「さまざまな人にさまざまな価値を提供する場」となるからである。この意味では、商業集積全体のパフォーマンスは、それぞれの商店経営者の眼力と努力にかかっているということだ。商業集積全体のパフォーマンスが上がることで誘引できる顧客の数は増えるので、結果として、商業集積内の店舗のパフォーマンスは商業集積内の他の店舗のパフォーマンスに依存していることになる。

　つまり、商業集積内では、商業者同士は、個別商業者の視点ではライバルでありつつ、集積全体の視点では味方なのである。集積内で商業者同士が切磋琢磨できている商業集積はどんどん成長していくが、集積内で誰がどの商品を扱うといった取り決めをすることで商業者同士が慣れ合ったり、商業者間で意地の張り合いのような価格競争を繰り広げたりすると、その集積のパフォーマンスは下がり、悪循環に陥っていく。

　現状では、第5章でみたように、依存と競争をうまく管理できているのはショッピングセンターで、うまく管理できてないのが商店街である。ネットモールについては、運営側がうまく管理しようと努力してはいるものの、スペースの制約がないため出店数が多くなりすぎることと、リアル店舗ほど情報量がないため（商品に触れたり店員と話したりできない）、どうしても価格が競争の軸になってしまいがちである。

れば容易にわかることである。なぜ集まるかというと、集まることで集積全体としての品揃えが実現し、それが買い物客の利便性に寄与するからである（詳しくは第5章や第13章）。これはネットの世界でも同じである。ネット上でバーチャルのショッピングモールを運営する楽天は、そうしたプラットフォームを提供することで店舗の集積をつくり、それによって全体として豊富な品揃えを実現し、顧客を誘引している。

　商業が集積することのメリットはリアルでもバーチャルでも同じだが、ネット店舗の場合はリアル店舗にはない側面として、プラットフォーム自体の信頼性が重要となる。というのも、取引に不具合があった場合、リアル店舗の場合はそこに文句をいいに行けばよいが、ネット店舗ではそれが難しいからである。リアルな店舗は身軽に姿を消したりはできないため信頼を担保することができる。加えて、リアル店舗は物理的なモノとして、まちにおいて重要な役割を果たしている。「物理的なモノ」というところがポイントだ。

　事例でみてきた元町商店街では、1階部分のセットバックは、来街者の歩きやすさに貢献したと同時に、アーケードとしても機能した。異なる事業体であるそれぞれの商売人が一体として対応したことによって、雨の日でも傘を差さずにショッピングを楽しめるという物理的なメリットを生み出した。それだけでなく、そうした行動は整然としたまちの雰囲気もつくり出した。

　このことからわかるように、物理的なモノとしての店舗はまちの機能や景観に影響を及ぼす。これは第1章で指摘した商業の外部性と呼ばれる問題である。1店舗だけなら街並みへの影響力は小さいが、商業は集積する傾向にあるため、集積の規模が大きくなればなるほど、その存在は、ショッピングの場としての機能だけでなく、まちの景観にも大きな影響力をもつようになる。このことが、リアル店舗をもつ小売業者がまちづくりと無関係ではいられない理由である。

❖ 商業者によるまちづくりの合理性

　もう1つの理由は、ある条件をもつ商業者にとっては、まちづくりに取り組むことは事業を存続するうえで合理的な意思決定であると考えられることである。例えば、それぞれの店が好き勝手に行動してそれぞれがターゲット顧客を獲得し、立地場所が荒れて来街者が減れば、その土地を離れて新たに魅力のあるロケーションに店舗を移せばよい、という考え方はもちろん成り立つ。経済的にはそのほうが合理

的かもしれない。元町商店街のように、まちを管理するルールは、一企業にとっては自社の店舗をターゲット顧客に最適化するための足かせになる場合もあるだろう。大規模資本のチェーン店が出店や退店を繰り返すのは、それが経済的な合理性に適っているからだ。

しかしその一方で、同じ場所にとどまり続ける商業者もいる。その理由はさまざまだ。零細規模ゆえに店舗を移すほどの資本的余裕がない場合もあれば、その土地自体に愛着をもっている場合もあるだろう。いずれの場合も、商売を維持存続していこうとするならば、来街者の満足を高めるために、まちのルールを構築し、それを遵守し、率先してまちのためになる行動をとる必要がでてくる。元町商店街のまちづくりはそうした取り組みの結果である。

効率性・合理性という観点からみると、セットバックは店舗面積を狭めることになるので商売的にはマイナスだし、共同配送に参画することは、店舗としての業務をスムースに進めるという観点からはマイナスかもしれない。しかし、すぐに利益を生み出すわけではないこうした活動も、長い目、広い視点でみれば、顧客の満足を高める要因になり得る。そのため、同じ土地で事業を続ける商業者にとってまちづくりは、直接的・短期的に利益を生み出すわけではないが、間接的・長期的なメリットがある営利的な商行為とみなせるのである。

❖ 商業まちづくりにおける営利性と非営利性

しかし、まちづくりにおける営利性と非営利性の関係は、物事の裏表という単純なものではない。これが商業者によるまちづくりを理解するのを複雑にしている。注意深く議論を進めていこう。

いうまでもなく、商業は営利活動である。商業者は商品を買い付けてきてそれを再販売することで利益を得ている。これはどのような活動をする時にもついて回る前提で、商業者である限り、この問題から離れることはできない。だが、商業者の行為のうち、どれが営利的でどれが非営利的なのかは、その行為を行っている時点で明確に確定できるわけではない。このことを、元町商店街のまちづくりを振り返りながら考えてみよう。

第1期まちづくりにおけるセットバックでは、商業者にとって最も重要な私的領域である店舗の1階部分を削ることによって公共領域である道路に庇をつくり出した。この行為は集客に貢献したので私的な行為といえるが、まちに優れた景観をつ

> ### Column14-2
> ### 商業まちづくりにおける営利性と非営利性の複雑な関係
>
> 　小売業は、その基本的性格から集積する傾向があり、そうした密集性により、店舗、道路、自動車、歩行者といった物理的な存在が大きな影響力をもつようになる。小売業自体は私的な活動であるが、それが物理的な店舗をもちながら集積することで、配送トラック等の自動車や来街者を特定エリアに集めることになり、それがまちに対して大きな影響を及ぼすようになる。
>
> 　こうして生じる商業とまちの不可避的なかかわり合いの中では、商店街は私的空間でありながら公共的な空間でもあり、公共的空間でありながら私的空間でもあり得る。このことは、商業者にとって、営利的な活動は、見方を変えれば公共的側面をもち、非営利的な活動は、見方を変えれば私的な側面をもつということである。
>
> 　もし、(社会からの期待に後押しされる形で) 商店街や商業者がまちづくりを通じて公共性や非営利性を高めていきたいと考えるのであれば、その活動から私的性格や営利性を排除するという方法ではなく、公私がともにある状態、さらには、私的性格や営利性がうまく公共性は非営利性に反転することを想定しながら営みを続けていく必要がある。
>
> 　だが、まれに、本業のビジネスとまったくかかわりをみいだせないような活動に熱心に取り組む商業者もいる。そうした取り組みは、ビジネスというよりはボランティアに属する行為である。NPO法人が存在しない時代ではそれらは地域にとってとてもありがたい行為であったはずだ。しかし、今日の状況においては、商業者がまちづくりに取り組むとしても、それはあくまで商行為に関連するはずだと認識しておくことが重要で、「地域にとってよいこと」のすべてを地元の商業者が引き受けなければならないわけではない。

くりだしたという点では公共的なメリットも生み出している。実際に、セットバックがきっかけとなり、営利的な行為が非営利的な価値を生み出すことがあるという認識を商業者に植え付け、その後の商店街活動につながっていった。

　第2期の歩車道共存道路化や電線の地中化による街路空間の整備においても営利性と非営利性は複雑な様相を見せている。二車線道路として自動車のために利用されていた道路を一車線化し、さらに両サイドに交互にパーキングを設置することによって、買い物客にとってより快適な空間をつくり出した一方で、通行する自動車

の走行速度を落とすことで、買い物とは関係のない歩行者に対しても安全・安心をもたらした。また、道路の景観自体がまちの個性にもなっている。

　第3期の歩車道の整備と共同配送導入では、道路と店舗が配送トラックを通じて否応なくまちにかかわってくることを問題視することで、美しい景観や快適な買い物空間をつくり上げていったが、そうした非営利的な取り組みは元町商店街のイメージアップにつながり、結果として来街者の増加に貢献している。

4　おわりに

　本章では、元町商店街のまちづくりの事例を振り返りながら、商業とまちづくりの関係について議論を進めてきた。事例からは、営利目的で行った活動が公共性を帯びることがあるし、営利目的ではなかった公共的な活動が営利をもたらすことがあることが示された。

　小売業が物理的な店舗を伴い集積してビジネスを続ける限り、まちとは切っても切り離せない関係にある。小売業は営利活動なので私的な考え方が基本となるが、まちはみんなのものなので公共的な考え方が基本となる。この「私的＝営利」と「公共的＝非営利」が複雑に入り混じることが、商業とまちづくりの関係を複雑にしている。これに加えて、商店街の場合は、それを構成する商業者は基本的に一国一城の主であり、業種や商店経営に対する考え方もさまざまであるため、共通の目標を設定することが難しく、さらに、協定のようなルールを遵守させるのはきわめて難しい。商業まちづくりの成功は、こうした困難の先にようやく実現するのである。

？考えてみよう
1．商業者がまちづくりにかかわらざるを得なくなる理由を考えてみよう。
2．リアルな店舗をもつ商業者とネット上だけでビジネスを行う商業者の違いを考えてみよう。
3．活気がある商業集積とそうではない商業集積の違いを考えてみよう。

参考文献

石原武政『小売業の外部性とまちづくり』有斐閣、2006年
神奈川新聞社編集局編『元町の奇跡』神奈川新聞社出版局、1997年
水越康介・藤田健編『新しい公共・非営利のマーケティング』碩学舎、2013年

次に読んでほしい本

石原武政『まちづくりの中の小売業』有斐閣、2000年
石原武政『商業・まちづくり口辞苑』碩学舎、2012年
田中道雄『まちづくりの構造:商業からの視角』中央経済社、2006年

第15章

製販連携の進展

1　はじめに
2　投機的対応から延期的対応への転換
3　製販連携が可能にする延期的対応
4　おわりに

1 はじめに

　「需要に対応せよ」とは流通の基本であり永遠のテーマであるが、実現するのはそれほど簡単なことではない。その傾向はますます強くなっている。例えば、若者向けの衣料品店では2週間程度でガラリと品揃えが入れ替えられる。コンビニでは1日に3回もおにぎりが配送・補充される。いずれも需要への対応を考えた売り方だが、この両者では商品をつくってお店に並べるまでのスタイルがかなり違う。

　まず衣料品の場合であるが、そこでは大量生産が基本になる。同じデザインの商品が一度にたくさんつくられるのである。目まぐるしく変わる需要には、流通在庫を次々と処分し、品揃えを素早く切り替えることで対応する。これは、前もって生産された商品を流通側でなんとか売り切る従来からのスタイルだ。実際の需要（実需）が発生するのは消費者の購買時点であるが、これよりも先に川上の段階で、需要があるものとして生産や在庫仕入れの意思決定が前倒しで行われる。見込み生産・販売としても知られるこの方式は投機的な決定とよばれる。

　これに対してコンビニの場合は、事前に何もかも決めてしまうのではなく、売り場で何が実際に売れたのかという実需情報が頻繁に生産側へ伝えられ、それに応じて生産する商品の種類や数量が変更されながら小まめに追加補充が行われていく。これは売り場を起点に、モノの生産から流通までを需要に対応させていくスタイルで、先の衣料品の大量生産と比べると、より川下の段階まで生産や在庫の意思決定が遅らされていることになり、延期的な決定とよばれている。

　需要対応がいっそう難しくなりつつある中で生まれてきたこちらの延期的な諸策は、受注生産・販売を手本にしてそれに近づこうとする、商品流通の新しいアプローチである。そしてこのアプローチでは、従来とは異なる生産と販売との分業関係が形づくられようとしている。

　本章では、いま流通現場にみられる延期的な需要対応がどのようなものかを考えながら、それにあわせて生産と販売の分業関係が旧来から変化しつつある理由を探ってみよう。

2 投機的対応から延期的対応への転換

　高度成長期には商品が「飛ぶように売れた」、「つくればいくらでも売れた」などといわれることがある。これには多分に誇張が含まれているが、それに近い気分であったことも確かなようだ。需要が同質的で、人びとが同じ商品で満足し、しかも変化が緩やかであったときには、生産者はわずかな種類の商品を大量につくって大量に販売することができた。売れ残りがあっても、次期に持ち越せば売れた。そんな状況では「いくらでも売れた」と実感できたのかもしれない。

　しかし、1980年代半ば頃（昭和55年頃）から需要の個性化・多様化が叫ばれるようになると状況は一変した。生産は少品種大量生産から多品種少量生産に変わり、商品の寿命も短くなっていく。そうなると、次期に商品を持ち越すことはできず、多様な品種ごとに、シーズン単位で生産を需要に合わせ、在庫を管理しなければならなくなってくる。

　いま市場リスクが増大しているといわれるのは、商品ごとの需要予測が難しく、たくさんつくると売れ残り、逆に少なすぎると売り切れてしまうからである。こうした市場リスクをなくすには実需をつかまえてから生産や仕入れを行えばよいはずだ。受注型あるいは注文型の需要対応である。ところがこの方式には、消費者が商品を受け取るまでの時間が長くなるというだけでなく、多くの問題がでてくる。注文数にムラがあるため、工場の稼働率が下がり、物流のトラックが休むなど、業務運営でもたくさんの無駄が発生する。さらに大量生産・販売にならないので規模の経済性を追求することも困難になる。

　すなわち、受注型の対応は、いつ現れるかわからない需要にふりまわされ、かえってコストがかかり、価格も高くならざるを得ないのだ。このやり方はリスク処理という点では理想的であっても、多くの商品について効率性という点で現実的ではない。

　答えはどうやら見込み型（投機化）と注文型（延期化）の間にありそうだ。見込み生産・販売のタイミングをできるだけ遅らせ、受注生産・販売に近づけながら、その効率を上げるのである。一見、二律背反的にみえるこの両者をいかに統合するかが課題となる。以下では、まず投機と延期の基本的な考え方を確認し、従来まで

の投機的な需要対応に取って代わりつつある延期的対応がどのように注文型へ近づくのか、コンビニの例をみながら検討してみよう。

❖ 投機と延期の考え方

　流通論でいう投機とは、商品の生産と仕入れを前もってより川上で行うという意味である。株式投資などで短期的に利ザヤを稼ぐようなネガティブな意味で用いられる場合とは区別されるので注意してほしい。延期はその反対で、できるだけ決めごとを最終消費者の購買時点まで遅らせることである。例えば、友だちと待ち合わせをするときに、時間と場所を事前に決めておくのが投機で、外出し始めてからスマホで連絡を取り合って、というのは延期の身近な例といえるだろう。

　それぞれに利点と難点がある（表15-1）。まず投機の場合、見込み型の大量生産と大量販売が可能で、その結果、規模の経済性が発生し、単位当たりコストが下がり商品単価を引き下げることができる。大量に商品があるので在庫切れによる売り逃しが防止でき、消費者がほしいと思ってから実際に入手するまでの調達時間も短くなる。しかしデメリットとして、実需の発生に先立って生産・仕入れを始めるだけに、売れ残りのリスク（市場リスク）が大きくなってしまう。

　それに対して、延期は可能な限り消費者の購買時点まで生産や在庫の決定を引き延ばすことであり、注文型に近づけることである。そのメリットはなんといっても不確実性が削減され、市場リスクが小さくなることである（図15-1）。しかし、デメリットとして、受注生産・販売と同様、どうしても単位当たりコストが上昇し高価になるうえに、消費者の調達時間が長くなってしまう。

【表15-1　投機と延期のトレードオフ関係】

	メリット	デメリット
投機	効率的 少ない欠品 短い調達時間	大きい市場リスク
延期	小さい市場リスク	非効率的 多い欠品 長い調達時間

第15章 製販連携の進展

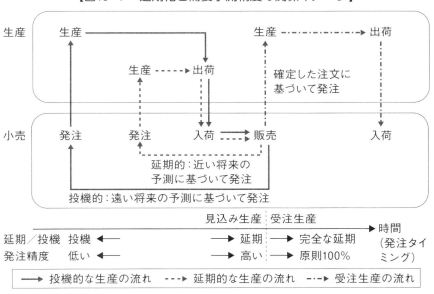

【図15-1 延期化と需要予測精度の関係イメージ】

❖ 販売サイクルの短縮

　既に第3章や第6章でもみた通り、コンビニは他の小売店と比較して、いくつかの特徴をもっている。第1に売場面積が狭い（平均100㎡程度）。第2にそれにもかかわらず商品数は相当ある（約3,000品目。ここでいう品目は、アイテムやSKU: Stock Keeping Unit、最小管理単位ともいわれる）。第3にそれら商品群が頻繁に入れ替えられ、常に売れ行きのよい商品ばかりが並べられている。第4に、大きなバックヤードの倉庫がないので、それだけ在庫量も少ない。

　このような特徴をもつコンビニが成り立つのは、延期的対応の成果にほかならない。単純化していえば、POS情報（Point of Sales、販売時点情報）が即時に工場に伝達され、それを受けて少量の商品が繰り返し生産される。EOS（Electronic Ordering System、オンライン受発注システム）やEDI（Electronic Data Interchange、電子データ交換）を使って、販売された量だけ店舗から発注が入り、高密度な物流システムによって多頻度小口納品（少量だけ何回も納品される）が実現する。それゆえ、常時、在庫がないのに豊富な売れ筋が揃う。これが延期的な需

217

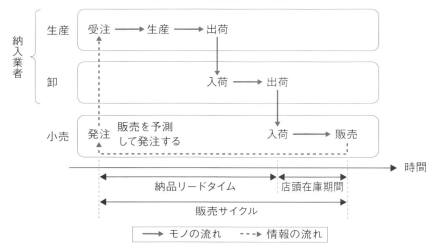

【図15-2　販売サイクル】

要対応である。

　つまり、コンビニが仕入れのために納入業者（生産者や卸売商）に発注し納品されるまでの時間（納品リードタイム）と、納品後に商品が消費者へ販売されるまでの時間（店頭在庫期間）の合計を販売サイクルというが、そこではこの販売サイクルが極限まで短縮されているのである（図15-2）。

　このようにコンビニは多頻度小口の取引を前提にして、店頭在庫期間に加え納品リードタイムをも著しく削減し、販売サイクルを劇的に短縮化させていった。これは需要予測の期間が長く、店頭在庫を大量に抱え込んだ伝統的な投機的対応とは決定的に異なっている。その結果、余分な在庫は省略され回転率が向上し、新鮮な売れ筋ばかりが更新を繰り返していく。店頭の在庫は万一の需給調整のために仕入れられるのではなく、ただ直後の購買を待つためのものとなるが、このような在庫を通過在庫とよぶことがある。これが、顧客の購買時点直近まで在庫形成を遅らせた延期的な流通の典型例である。

　こうなると、小売商は川上の生産まで積極的に関心をもたざるを得なくなる。結果として、つくるのは生産者で売るのは商業、という従来までの商品流通上の役割分担がゆらぐことになる。すなわち、店頭での需要情報を活用できるようになった小売商は積極的に商品開発や生産に介入していくようにもなるのである。例えば、セブン-イレブン・ジャパンは、ほとんどのお弁当のレシピを生産者と共同で開発し

> **Column15-1**
>
> ## 生産と流通における在庫回転率
>
> 　在庫回転率とは、売上高（生産高）を在庫高（部品高）で割った値であり、一定の期間で在庫（部品）が何回転したかを求めるものである。いま、売上高が変化しないとして在庫回転率を高めるには、仕入れ1回当たりの在庫高を小さくし、その仕入れを繰り返すようにしていけばよい。すなわち、まとめて多くの在庫を仕入れた場合でも売上高に変化がないのだから、在庫回転率が高ければ、少ない資金で同じ売上を上げられるという点で資本効率も高い事業だということになる。
>
> 　さらに、商品や部品のモデルチェンジが進みライフサイクルが短縮化してくると、そうして在庫回転率の高い売手がより優位に立つことができる。というのも、まとめて多くの在庫を仕入れてしまっていれば、次々と鮮度の高い商品・部品を仕入れる余地がなくなるだけでなく、しばしば手元在庫を不良在庫化してしまうからである。あるいは、特にものづくりの状況を考えると、優位に新商品の投入や切り替えをリードしていくのなら、在庫（部品）回転率を高めることが不可欠になるだろう。
>
> 　現代のように不確実性が高まり、需要が不安定さを増すところでは、鮮度を落とさず、タイミングを外さずに商品を提供できなければ致命的となる。それゆえあらゆる事業で、在庫回転率を向上させることがもはや競争優位獲得の前提になりつつある。
>
> 　ただし在庫回転率の高い事業を築くには、決して効率的とはいえない日々の細かい作業をルーチン化して、繰り返していかなければならない。近年は、IT革新がその負担を相当やわらげて支援してくれていることはいうまでもない。

ているし、セレクトショップと一緒に開発した文房具さえ売っている。そこには、生産者が開発したものを仕入れて売る、という従来の小売商の姿はない。

　ただし、ここで注意しなければならないのが、役割のゆらぎには小売側から生産への介入ばかりではなく、生産者側から小売店頭に深く関与しようとする動きも含まれる点である。いずれにせよ、需要情報をデータ化し活用することに成功した企業が、こうした動きをリードできる可能性は大きい。

3 製販連携が可能にする延期的対応

❖ 小売主導の製販連携

　先にみてきた延期的対応がなぜ実現しているのかといえば、それは小売から上がった情報が生産までスムーズに伝達され、それが商品となって、またスムーズに小売の店頭に並べられるからである。このようなつながりは、生産者や卸売商らと小売商との協力がなくては到底実現しない。このような協力関係を製販連携とよぶ。

　製販連携とは、生産、物流および販売における一連の活動を独立した企業間で連動させ、多頻度小口取引および在庫回転率向上（延期的対応）を実現する、効率的な生産・在庫管理の仕組みのことである。中でも重要なのが、情報共有を通じて諸活動を調整するという意味での情報統合であり、このような仕組みの設計は物流・情報の技術革新があってはじめて可能となっている。

　かつて投機的な生産・販売体制の下では、まずパワーをもった大規模な生産者が系列販売店の管理を通じて大量の商品を流通過程に押し込んだ。その後、大規模化した小売商がパワーをもつようになると、仕入れ価格の引き下げで大量の品揃えを築いていった。どちらの場合も、流通過程に大量の在庫が形成され、それによって各種の需給調整を図ってきたのである。そして売れ残る在庫が常に、押し付け合いの火種になり、また需要予測の誤差を生み出していた。しかし、延期的な対応が広がると様子はまったく異なってくる。

　延期的対応に目覚めた大規模小売商はそのパワーを、むしろ流通延期化への取り組みを積極的に進めるために使うようになってきている。例えば、コンビニの延期的対応の前提である迅速かつ多頻度小口の配送は、納入業者に相当の負担を要請することになる。そこでコンビニはパワー関係を基礎にしながら、納入業者の活動を統制し、長期的に良好な関係を構築・維持しようとするのである。

　この関係は、一歩間違えば、パワーの大きいコンビニが納入業者側へ一方的に負担を押し付けるような、第12章でみた「優越的地位の濫用（Column12-1）」に終わってしまいかねない。それでは納入業者側の負担が激増するだけでなく、無理

や無駄も多くなり、そもそも安定した延期的対応が実現されなくなる。小売主導の製販連携では、負担費用に換算される市場リスクの分担を設計するのも小売商側の役割になる。

そこでコンビニ側が割りだした解決策が、納入業者から全国各地のコンビニ店舗までの間接配送であり、両者の間に中間配送拠点を開設することだった。この中間配送拠点の設置は、コンビニのように単独でかなりの程度延期化を進めた場合でも、仕組み全体としてはその持続が決して容易ではなく、結局、納入業者との間で適切なリスク分担関係の見直しが不可欠になることを示唆している。

ここではコンビニが生産と流通の延期を可能にした点を強調しているが、それでも決して注文型にまで到達してはいないことも確認しておこう。生産は相変わらず見込みを含んでいるし、コンビニの発注も見込み要素はなくならない。しかし従来の投機的対応と決定的に違うのは、生産や仕入れの決定が消費者の購買時点に限りなく近づいていることである。天変地異のような状況を例外とすれば、通常は予測期間が短くなればなるほど、予測の精度は上がることになる。それゆえ、延期的な対応はそれだけ需要予測の精度を高め、市場リスクをより小さくすることができるのである。

❖ リスク分担による延期的対応の効率化

さて、コンビニがこの中間配送拠点をもったことの意味をもう少し考えてみよう。拠点設置にあわせてコンビニが行ったのは、連携を結ぶ特定の生産者や卸売商との取引をいくつかのカテゴリーごとに集約化し、物流を共同配送化することであった。その窓口として中間配送センターが各地域の個店の集合の上に配置されて、この段階にあらかじめ個店レベルの品揃えがまとめられ、検品作業も一括して前倒しされることになる。そこでデータ解析をもとにした計画的かつ効率的な品揃え形成が行われたのである。そうすることによって、個店は小ロット発注を行うにもかかわらず、生産者に対しては一括の大量ロットに姿を変えて発注することができることになる。第13章（Column13-2）で学んだ取引の計画性の濃縮が、いわば小売主導で実現しているのである。

配送をまとめるとトラックの積載効率も上がるが、そうした混載物流はまた、配送センターから個店へ迅速かつ多頻度小口で配送する際にも、単純に頻度が抑えられるばかりか、特に店舗密度の高いドミナント出店地域ではより効率的となる。こ

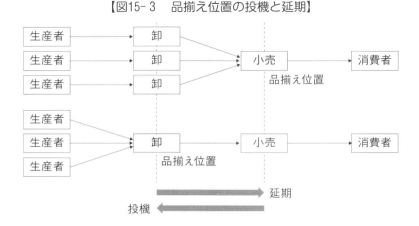

【図15-3　品揃え位置の投機と延期】

れらの取り組みの結果、在庫回転率の向上に専念する店頭の作業省力化も進むことになった。すなわちコンビニは、小売からさらに川上の卸売段階（中間配送拠点）へ製販協力関係のもとに品揃え位置を移動させることで、効率的な延期的対応を持続可能にしたのである（図15-3）。

　この仕組みを、品揃え位置の投機と延期から考えてみよう。生産者が主導権をもった系列化体制のもとでは、流通が業種別に分断されており、例えば消費者は複数の食料品店を買い回らなければ十分な品揃えを確保することができなかった。つまり、品揃え位置が消費者の段階まで延期されていた。しかし、食品スーパーなどの業態が登場してくると、その豊富な品揃えによって消費者はワンストップ・ショッピングが可能になった。つまり、品揃え位置が今度は小売段階へ投機されたのである。さらに、中間配送拠点を整備したコンビニの場合には、もう1つ上位の卸売段階まで品揃え位置が投機されたことになる。

　こうして、生産と仕入れに関して延期的対応を推進したはずのコンビニが、品揃え位置という点からは逆に投機を行っていることが理解できるだろう。それは、先に指摘したように、二律背反的ながら投機的な要素こそが延期的対応に効率性をもたらすからである。

　いまや物流・情報技術投資を促された特定納入業者とコンビニとの間には、判断を歪めて駆け引きをよび起こす余計な在庫を押し付け合う必要がなくなっている。それゆえ長期的な成果予測を分かち合い、より安定した費用・役割分担をみいだすインセンティブが生まれてきた。生産・販売プロセスを通貫する情報共有がコスト

Column15-2

製販連携とPB生産

これまで長らく流通を支配してきたのは、かつて圧倒的なパワーを誇った有力生産者であった。従来、そのナショナル・ブランド（NB）が無数の顧客を魅了していたことから、商業者は多くの仕入れを一部の生産者に依存し、それら生産者とのパワー関係上で劣位に立たされていた。

ところが、本文でみるように、近年、大規模化し情報武装化した有力小売商のパワーがそれらを凌駕しているのである。さらに小売商のパワーの行使形態がいまや、粗野な仕入れ価格の引き下げ要求だけではなく、新しい方向に変化しようとしていた。その１つが小売主導の製販連携の動きであり、もう１つはPB生産である。

プライベート・ブランド（PB）とは小売商の独自ブランドを付けた商品、あるいはブランドそのものをさす。小売商がNBを仕入れて販売するだけではなく、わざわざ商品開発に関わって生産者の活動を統制するのは、基本的にPB導入によって低価格販売と利益確保が同時に達成できるからである。さらに最近では高付加価値のPBも導入され、それによって品揃えの差別化が追求できることも大きな理由となっている。

特にPB生産のトレンドで注目すべきは、製販連携の延長線上に展開される生産者と小売商との共同商品開発である。そもそも情報武装化した小売商は膨大な購買データを保有しているのに加え、定型的に製販連携への取り組みを続ける中で数多くのデータがやりとりされ、両者の間に蓄積されるなら、それらを用いて共同商品開発へ至るのはむしろ自然かもしれない。

情報のオープン化にまでおよぶなら、それぞれが在庫を減らし定型的で効率的な活動調整に取り組もうとすればするほど、自ずと製販連携という仕組みにおける全体最適、あるいは結合利益の追求につながるからである。

このように、小売主導で連携したパートナー同士が延期的な需要対応に取り組む中で相互の生産・在庫管理に深く関与し合うなら、やがてその関係はさらに一歩進んだ段階、つまりPB生産という共同商品開発にまで進展する可能性は大きくなるだろう。

4 おわりに

　本章ではコンビニの例をみながら、流通現場が増えつつある市場リスクを効率的に処理するためにどのような変化、対応をみせてきたのかを考えてきた。
　それは投機的生産・流通を延期化すること、つまり注文型に近づけることで処理されるようになったが、話はそんな単純ではない。延期にはコストがかかるがコスト節約的なのは投機である。しかも延期的な需要対応は単独の売手では完成しない。そこでコンビニはパワー関係を背景に小売主導の製販連携を経由させ、延期的なアプローチのなかに投機的要素を組み込んで、仕組み全体として効率性を確保していたのである。
　かつて売手の需要予測を反映してきた在庫の機能は、いまや実需を反映する購買時点情報に取って代わられようとしている。物的在庫が需要情報に置き換えられ、情報によって各種のオペレーションが調整されるようになる。したがって流通経路は、今後ますます小売主導による再編成が進むはずである。ただし小売主導の製販連携がパワー関係を利用するとはいえ、それは旧来の生産者主導の系列取引にみられたような部分最適で閉鎖的な主従関係形成のための利用とは随分性質が異なっている。延期的対応を念頭に置いた小売主導の製販連携は、相対的により対等でオープンな側面をもち、小売側の利益や決定ばかりが追求されるわけではなかった。
　もちろん、こうした製販連携には、対等でオープンな分業関係であるからこそ、組織化する上での不安定さが付きまとう。しかし現代の流通現場では、少なくともコミットメントから考えて、小売商だけでなくいずれもが需要情報を共有し合い全体最適を目ざさなければならなくなっている。もし部分最適化を行えばどこかに在庫が発生し、巡り巡ってみずからの市場リスクを増やすことにつながるからである。信頼関係の形成プロセスにも似たこのようなトレンドは伝統的な流通の仕組みにはなかった、延期的な需要対応が登場して以降の特色といえるだろう。

? 考えてみよう

1. 身の回りで、在庫の鮮度管理（在庫回転率を高く保つこと）が重要な商品をみつけだし、その理由を実際の販売状況をふまえながら考えてみよう。

2．取引関係は市場取引（他人同士の一度きりの取引）と組織取引（組織内部で必要なものを融通すること）を両極にしたスペクトラム上のどこかに位置づけられるが、製販連携がいかなる理由からどのあたりに位置づけられるか考えてみよう。
3．製販連携やサプライチェーンでは、対等でオープンな関係ながら、実際には、構成メンバーの参入や退出の自由度はそれほど高くない。それがどうしてなのか、理由を整理してみよう。

参考文献

石原武政『商業組織の内部編成』千倉書房、2000年
岡本博公『現代企業の生・販統合：自動車・鉄鋼・半導体企業』新評論、1995年
田村正紀『流通原理』千倉書房、2001年
矢作敏行『コンビニエンス・ストア・システムの革新性』日本経済新聞社、1994年
矢作敏行・小川孔輔・吉田健二『生・販統合マーケティング・システム』白桃書房、1993年
バックリン, ルイス. P.『流通経路構造論』千倉書房、1977年

次に読んでほしい本

石原武政・石井淳蔵編『製販統合』日本経済新聞社、1996年
大阪市立大学商学部編『流通』（ビジネス・エッセンシャルズ〈5〉）有斐閣、2002年
高嶋克義『現代商業学』有斐閣、2002年
田島　悟『生産管理の基本としくみ』アニモ出版、2010年

❖ 索　引

索　引

■ 欧　文 ■

B2B……………………108・109・122
B2C………………………………109
C2C……………………………108・109
DPS………………………………98
DV…………………………71・75・76・77
EC……………………………108・109
Facebook………………………115
FC…………………………………130
J. フロント リテイリング…………110
NB……………………………123・176
P&G……………………158・159・161
P&Gファーイースト・インク………159
PB……………………………45・176・223
POS……40・41・55・82・85・217・224
SC…………………………………64
SNS………………………………115
SPA…………………………54・55
The 291（ザ・フクイ）……………146
Twitter…………………………115
VC…………………………………129
W/R比率………………………150
ZARA（ザラ）……………………54
ZOZO……………………109・117

■ 人名・団体・企業名 ■

〔あ　行〕

アマゾン………………………109・
　111・112・113・114・115・116・119
アマゾン・ウェブ・サービス（AWS）
　…………………………………115
アマゾン・フレッシュ………………112
イオン……………………24・26・110
イオンモール……………………122

イズミヤ…………………………51
伊勢丹（伊勢屋丹治呉服店）…………20
イトーヨーカ堂………24・26・39・159
ヴァスコ・ダ・ガマ…………………126
エイチ・ツー・オー…………………110
大内義隆…………………………146

〔か　行〕

海援隊……………………………126
花王……157・158・159・161・163・164
花王カスタマーマーケティング株式会
　社（花王CMK）………………158・160
花王システム物流…………………159
花王販売…………………………159
亀山社中…………………………126
関西スーパーマーケット……………35
北野祐次…………………………36
紀ノ国屋…………………………33
ギャップ…………………………55
キャンドゥ………………………49
協同組合元町SS会………………201
キング・カレン……………………33
ケーズデンキ……………………174
コジマ……………………………174
コスモス・ベリーズ………………129・134
後藤象二郎………………………126
コロンブス………………………126

〔さ　行〕

坂本竜馬…………………………126
佐川急便…………………………126
鯖江市（鯖江）…………………138・146
サルビーノ・アルマチー……………145
シアーズ・ローバック………………86
ジェフ・ベゾス…………………110・112
しまむら……100・101・102・103・104

索　引

ジャスコ……………………………………24
ショッピングセンター協会……………71
スポーツオーソリティ…………………88
スリーコインズ…………………………49
西武セゾングループ……………………73
西武百貨店………………………………20
西友……………………………24・26・39
セブン＆アイ…………………………110
セブン-イレブン（セブン-イレブン・
　　ジャパン）………27・38・39・40・42・
　　　　　　　　　　44・84・122・218
セリア……………………………………49
センコー…………………………………181
そごう……………………………………20
ゾゾタウン………………………117・118

〔た　行〕

ダイエー……………………24・32・39・158
ダイソー……………………48・49・50・52・60
大創産業…………………………………50
大丸（呉服屋大文字屋）……20・24・122
タイムズ・スーパーマーケット………36
髙島屋（たかしまや）…20・24・74・110
玉川髙島屋…………………………73・75
つかしん…………………………………73
トイザらス…………………………49・88
東急百貨店………………………………20
東芝ストアー……………………………174
東神開発株式会社………………………75
東横………………………………………24
とくし丸…………………………………45
ドラッカー………………………………12
ドン・キホーテ……………49・180・181

〔な　行〕

中内㓛……………………………………32
ナショナルショップ……………………173
ニチイ……………………………………51

〔は　行〕

橋本清三郎商店…………………………146
パナソニック……………………172・176
パナソニックショップ…………173・174
阪急百貨店………………………………20
ヒートテック……………………………59
ビームス…………………………………218
日立チェーンストール…………………174
ビックカメラ……………………49・174
ファーストリテイリング……56・59・110
ファミリーマート…………………27・39
福井県眼鏡卸組合………………………146
福井県眼鏡卸商業組合…………………146
福井県眼鏡専門小売商組合……………146
物流センター……………………………102
プロクター・アンド・ギャンブル……158
ヘンリー・フォード……………………86
豊栄家電…………………………………129
豊栄家電FVC…………………………129
ホールフーズ……………………………112
ボン・マルシェ…………………………86

〔ま　行〕

増永五左衛門……………………………146
マゼラン…………………………………126
松坂屋（いとう呉服店）…………20・24
松下電器（松下電器産業）……172・173
マツモトキヨシ…………………49・122
丸井………………………………………20
ミスターマックス………………………49
三越（呉服店越後屋、三井越後屋呉服
　　店、三越呉服店）
　　……………19・20・21・22・24・128
三越伊勢丹（三越伊勢丹ホール
　　ディングス）………………110・128
三菱電機ストア…………………………174
水戸黄門…………………………………128
眼鏡卸同意会……………………………146
眼鏡卸睦会………………………………146

227

◆ 索　引

メルカリ……………………109・119・170
元町商店街…………200・208・209・211
モンゴメリー・ウォード………………86

〔や　行〕

安田隆夫………………………………181
柳井正……………………………56・58
矢野博丈…………………………50・52
ヤフオク……………………………109・119
ヤマダ電機………………………………49・
　　110・122・129・130・172・174・175
ヤマト運輸……………………………126
湯浅和夫………………………………104
ユニー……………………………………26
ユニー・ファミリーマート…………110
ユニクロ………48・54・56・58・59・60
横浜髙島屋………………………………75
ヨドバシカメラ…………………49・174

〔ら　行〕

楽天……………………………………109
ローソン…………………………27・39
ロヂャース………………………………49

〔わ　行〕

ワールド…………………………………54

■ 事項索引 ■

〔あ　行〕

アマゾン・エフェクト………………112
一次卸…………………………………129
市場（いちば）…………………………66
移動スーパー……………………………45
インターネット………………108・110
売れ筋……………………………40・82
エスクロー……………………………109
エブリシングストア…………………112
延期………………………………214・216
オープン価格制………………………166

押し込み販売…………………………166
卸売……………………………………171
卸売機能…………………………126・127
卸売商………………………………3・9・10
卸売排除論……………………………124
卸小売販売額比率………………150・151
温度帯別物流……………………………85

〔か　行〕

カートコンベア方式……………………37
改正都市計画法…………………………74
外部性……………………………………5
開放的流通構造………………………140
価格破壊………………………161・164
学習効果…………………………………53
カスタマーレビュー…………………113
カテゴリー・キラー……………………49
買回り品………………………………195
関スパ方式………………………………37
間接流通………………………4・6・7・143
関連購買……………………187・195・196
機会ロス…………………………34・56
危険負担機能……………125・127・190
技術革新………………………………145
機能代置………………………127・133
希望小売価格…………………………164
規模の経済………………………49・53・59
期末感謝金献呈率………………160・161
業種………………………………………80
業態……………………………………80・86
業態技術………81・85・86・88・89・118
共同配送センター………………………84
均一価格店………………………………49
金融機能…………………125・127・190
経営戦略………………………………144
経験効果…………………………53・60
経済の暗黒大陸…………………………12
系列……………………………………156
決済機能………………………………190
現金正札販売……………………………19

228

公正取引委員会…………175・177・180
高度経済成長………………………24
小売直取引卸………………………129
小売商…………………………………3
小売商の外部性………………………5
小売の輪理論………………………89
個別の品揃え………………………196

〔さ　行〕

サードパーティー・ロジスティクス
　（3PL）………………………104
在庫……………………………………82
在庫回転率…………………………219
在庫型センター……………………96
最終卸………………………………129
最低保証付き賃料…………………75
最低保証付き歩合制（固定歩合制）……76
再販売購入活動……………………185
3Ｃ……………………………………24
三種の神器……………………24・70
産地卸………………………………129
3分の1ルール……………………178
直取引卸……………………………129
仕切り価格…………………………164
資金流…………………………118・119
事後調整型取引……………………165
事前調整型取引……………………165
自動倉庫……………………………99
品揃え位置の投機と延期…………222
品揃え形成（機能）
　………………125・186・189・190
死に筋…………………………40・82
社会的性格…………………………186
集積単位（あるいは集計レベル）の
　品揃え……………………………196
需給接合機能…………………190・192
需要創造……………………………192
商業……………………………………4
商業者……………………3・184・185・190
商業者の社会性（社会的性格）

　………………………186・190・192
商業集積
　………64・68・69・77・196・200・207
商業の外部性…………………206・208
商店街……………………64・65・68・69
消費の宮殿…………………………86
消費の即時化………………………85
消費の大衆化………………………88
消費の民主化………………………86
商品回転率……………………55・57
商品流通………………………………2・9
情報機能……………………………99
情報縮約・斉合の原理……………192
情報伝達機能…………125・127・190
情報流……………………2・111・118・119
情物一致……………………………99
商流……………………2・111・114・118・119
ショールーミング…………………115
ショッピングセンター……………64
所有と経営の分離……………76・77
真空地帯理論………………………89
数量効果……………………………53
スピードの経済………………55・57・59
スプロール化………………………74
製販連携………………………220・224
セットバック……………202・208・209・210
セルフサービス………………28・29
センターフィー………………179・180
専売店化……………………………172
専門ディスカウント・ストア……49
倉庫……………………………96・98
総合ディスカウント・ストア……49
創造的競争…………………………207

〔た　行〕

大規模小売店舗法（大店法）
　…………………………39・73・81・87
大規模小売店立地法（大店立地法）……87
大店立地法…………………………74
第二次百貨店法……………………87

❖ 索　　引

対面販売……………………………………29
ダイヤグラム配送………………………85
ただ乗り……………………………………68
建値（制）…………………160・161・163・166
多頻度小口配送……41・42・83・217・220
他部門直取引卸…………………………129
チェーン・オペレーション（チェーン
　ストア経営）……………………26・38
チェーン展開……………………………11
チャネル・メンバー……………………171
チャネル・リーダー……………………171
中間卸……………………………………129
中心市街地活性化法………………74・87
直接流通…………………………4・6・141
貯蔵倉庫…………………………………96
通過型センター…………………………96
通過在庫…………………………………218
提案型営業…………………………160・166
ディスカウント・ストア………………48
デジタル・ピッキング・システム……98
デパートメント・ストア宣言……20・22
デベロッパー……………………………71
電子商取引………………………108・109
店着価格…………………………………179
店頭在庫期間……………………………218
店頭着荷価格……………………………179
店舗間移動………………………………103
投機………………………………214・216
同質的競争………………………………207
独占禁止法………………………………180
特定商業集積整備法……………………73
都市計画法………………………………87
都市の郊外化……………………………71
独禁法……………………………………175
ドミナント（集中）出店………………42
取引慣行……………………………156・181
取引数節約（削減）の原理……………191
取引の計画性の濃度差の調整…………193
問屋…………………………………10・171
問屋無用論………………………………124

〔な　行〕

仲継ぎ卸……………………………8・9・129
ナショナル・ブランド…………123・176
二次卸……………………………………129
荷役機能…………………………………97
値下げロス………………………34・37・56
納品リードタイム………………………218

〔は　行〕

バイイングパワー…………………170・175
廃棄ロス……………………………34・37
排他的流通構造…………………………140
売買集中の原理……………189・194・195
発注ロット………………………………82
パレット…………………………………97
販売奨励金………………………………163
比較購買…………………………………187
百貨店法…………………………………87
標準化されたチェーンストア…………38
物流………………2・94・111・114・116・119
物流機能………………………125・127・190
物流センター……………………………96
プライベート・ブランド…44・176・223
フランチャイズ・チェーン
　　　　…………27・40・81・82・87・130
プリパッケージ…………………………36
包装………………………………………96
包装機能…………………………………96
保管機能………………………………94・96
ボランタリー・チェーン…………27・129

〔ま　行〕

マーケティング…………………………11
まちづくり………………………………206
まちづくり３法……………………74・87
まちづくりにおける営利性と非営利性
　　　　……………………………209・210
まちづくりの合理性……………………208
無店舗販売………………………………3

明晶堂……………………………146
モータリゼーション………………71
元卸………………………………129
最寄品…………………………111・195

〔や　行〕

優越的地位の濫用………175・177・180
輸送機関……………………………95
輸送機能………………………94・95
ユニット・ロード…………………97
欲望創出機関………………………4
欲望創出の場……………………118
欲望発見機関………………………4
欲望発見の場……………………118

〔ら　行〕

リードタイム……………………114
リテール・サポート機能
　………………………125・127・133

リベート（制）…9・160・161・163・166
流通…………………………2・190
流通革命……………………………11
流通系列化
　…11・156・161・162・165・172・181
流通構造
　………138・141・143・144・147・148
流通構造の開閉…………………148
流通構造の広狭…………………148
流通構造の長短…………………150
流通倉庫……………………………96
冷蔵オープンケース………………36
レギュラー・チェーン………26・27
レコメンデーション機能………113
ロジスティクス……………2・100・103
ロボット自動倉庫…………………98

〔わ　行〕

ワンクリック注文……………111・112

■編著者略歴

石原武政(いしはら　たけまさ)

京都市生まれ
大阪市立大学名誉教授
商学博士(大阪市立大学)
専門は、商業論、流通政策論、まちづくり論
主な著書に、『マーケティング競争の構造』(千倉書房、1982年)、『商業組織の内部編成』(千倉書房、2000年)、『流通』(共著、有斐閣、2002年)、『小売業の外部性とまちづくり』(有斐閣、2006年)、『小売業起点のまちづくり』(共著、碩学舎、2018年)など多数

竹村正明(たけむら　まさあき)

大阪市生まれ
明治大学商学部教授
Ph. D (Poznań University of Economics and Business)
専門は、商業論、流通論、地域政策論
主な著書に、『現代日本のものづくり戦略』(共著、白桃書房、2011年)、『知財収益化のビジネス・システム』(共著、中央経済社、2012年)など

細井謙一(ほそい　けんいち)

新潟県三条市生まれ
広島経済大学経営学部経営学科教授・地域経済研究所長、一般財団法人お好み焼アカデミー理事
専門は、販売管理論、営業論、商業論
主な著者に、『流通・営業戦略』(共著、有斐閣、2004年)、『1からのマーケティング・デザイン』(共著、碩学舎、2016年)など

執筆者紹介（担当章順）

石原　武政（いしはら　たけまさ）……………………………………第1章
大阪市立大学　名誉教授

坂田　隆文（さかた　たかふみ）……………………………………第2章
中京大学　総合政策学部　教授

渡邉　孝一郎（わたなべ　こういちろう）………………………第3章
香川大学　経済学部　准教授

清水　信年（しみず　のぶとし）……………………………………第3章
流通科学大学　商学部　教授

渡邉　正樹（わたなべ　まさき）……………………………………第4章
名古屋文理大学　健康生活学部　准教授

西川　英彦（にしかわ　ひでひこ）…………………………………第4章
法政大学　経営学部　教授

濱　満久（はま　みつひさ）…………………………………………第5章
名古屋学院大学　商学部　教授

細井　謙一（ほそい　けんいち）……………………………………第6章
広島経済大学　経営学部　教授

藤田　健（ふじた　たけし）…………………………………………第7章
山口大学　経済学部　准教授

大野　尚弘（おおの　たかひろ）……………………………………第8章
金沢学院大学　経済学部　教授

西村　順二（にしむら　じゅんじ）…………………………………第9章
甲南大学　経営学部　教授

竹村　正明（たけむら　まさあき）…………………………………第10章
明治大学　商学部　教授

山内　孝幸（やまうち　たかゆき）…………………………………第11章
阪南大学　経営情報学部　教授

田中　康仁（たなか　やすひと）……………………………………第12章
流通科学大学　商学部　准教授

髙室　裕史（たかむろ　ひろし）……………………………………第13章
甲南大学　経営学部　教授

横山　斉理（よこやま　なりまさ）…………………………………第14章
法政大学　経営学部　教授

田村　晃二（たむら　こうじ）………………………………………第15章
大阪市立大学　商学部　准教授

1からの流通論（第2版）

2008年10月 1 日　第 1 版第 1 刷発行
2017年 4 月 1 日　第 1 版第61刷発行
2018年11月30日　第 2 版第 1 刷発行
2022年10月15日　第 2 版第35刷発行

編著者　石原武政・竹村正明・細井謙一
発行者　石井淳蔵
発行所　㈱碩学舎
　　　　〒101-0052 東京都千代田区神田小川町2-1 木村ビル 10F
　　　　TEL 0120-778-079　FAX 03-5577-4624
　　　　E-mail info@sekigakusha.com
　　　　URL http://www.sekigakusha.com
発売元　㈱中央経済グループパブリッシング
　　　　〒101-0051 東京都千代田区神田神保町1-31-2
　　　　TEL 03-3293-3381　FAX 03-3291-4437
印　刷　東光整版印刷㈱
製　本　㈲井上製本所
Ⓒ 2018　Printed in Japan

＊落丁、乱丁本は、送料発売元負担にてお取り替えいたします。
ISBN978-4-502-28361-1　C3034

JCOPY〈出版者著作権管理機構委託出版物〉本書を無断で複写複製（コピー）することは、著作権法上の例外を除き、禁じられています。本書をコピーされる場合は事前に出版者著作権管理機構（JCOPY）の許諾を受けてください。
JCOPY〈https://www.jcopy.or.jp　e メール：info@jcopy.or.jp〉